**Biblioteca Âyiné 14**
Contra Sainte-Beuve
*Contre Sainte-Beuve*
Marcel Proust

© Editora Âyiné, 2021, 2022
Todos os direitos reservados

**Tradução** Luciana Persice Nogueira-Pretti
**Preparação** Érika Nogueira Vieira
**Revisão** Andrea Stahel, Luisa Tieppo
**Imagem de capa** Julia Geiser
**Projeto gráfico** Renata de Oliveira Sampaio
ISBN 978-65-86683-70-7

## Âyiné

**Direção editorial** Pedro Fonseca
**Coordenação editorial** Luísa Rabello
**Coordenação de comunicação** Clara Dias
**Assistente de comunicação** Ana Carolina Romero
**Assistente de design** Rita Davis
**Conselho editorial** Simone Cristoforetti, Zuane Fabbris,
Lucas Mendes

Praça Carlos Chagas, 49 — 2º andar
30170-140 Belo Horizonte, MG
+55 31 3291-4164
www.ayine.com.br
info@ayine.com.br

Contra
Sainte-Beuve
**Marcel Proust**

*Tradução de Luciana Persice Nogueira-Pretti*

**Âyiné**

| | |
|---|---|
| 9 | [Projetos de prefácio] |
| 25 | O método de Sainte-Beuve |
| 59 | [Gérard de Nerval] |
| 79 | Sainte-Beuve e Baudelaire |
| 109 | Fim de Baudelaire |
| 121 | [Sainte-Beuve e Balzac] |
| 169 | [Notas complementares] |
| 189 | Acrescentar ao Balzac do Senhor de Guermantes |
| 197 | Acrescentar a Flaubert |
| 205 | [Notas sobre a literatura e a crítica] |
| 213 | Romain Rolland |
| 221 | Moréas |

# CONTRA SAINTE-BEUVE

As notas do tradutor fecham com [N.T.].
As outras são de Pierre Clarac, que pre-
parou os textos para a edição francesa.

As passagens com uma tonalidade mais
escura, entre colchetes e precedidas por
asterisco são adendos posteriores feitos
pelo próprio Proust.

# [Projetos de prefácio] [1]

A cada dia, atribuo menos valor à inteligência. A cada dia, percebo melhor que só fora dela o escritor consegue captar algo de nossas impressões passadas, ou seja, atingir algo em si mesmo, é a única matéria da arte. O que a inteligência nos apresenta sob o nome de passado, não o é. Em realidade, como ocorre com as almas dos mortos em certas lendas populares, cada hora de nossa vida, assim que finda, encarna-se e esconde-se nalgum objeto material. E lá permanece cativa, para sempre cativa, a menos que descubramos o objeto. Por meio dele, a reconhecemos, a conclamamos, e ela se liberta. O objeto em que ela se esconde – ou a sensação, pois todo objeto é, com relação a nós, sensação – pode nunca ser encontrado. E assim, há horas de nossas vidas que não ressuscitarão jamais. Porque o objeto é tão pequenino, tão perdido no mundo, há tão poucas chances de que ele se encontre em nosso caminho! Há uma casa de campo, onde passei vários verões de minha vida. Às vezes, pensava nesses verões, mas não eram

---

1 Ms encadernado (Proust nº 45) fólios 1-6. Ms é a abreviação de manuscritos. [N. T.]

[eles].[2] Havia grande chance de que permanecessem mortos para mim. Sua ressurreição deveu-se, como tantas ressurreições, ao mero acaso. Outra noite, entrando em casa, gelado de frio devido à neve, e sem conseguir esquentar-me, como começara a ler no meu quarto, sob a luminária, minha velha cozinheira ofereceu-me uma xícara de chá, coisa que nunca bebo. E o acaso fez com que ela trouxesse fatias de torrada. Molhei a torrada na xícara de chá, e, no momento em que coloquei o pão torrado na boca, e que tive a sensação de seu amolecimento, encharcado de gosto de chá contra meu palato, senti uma aflição, odores de gerânio, laranjeira, uma sensação de luz extraordinária, de felicidade; fiquei imóvel, temendo que o menor movimento pusesse fim ao que me acontecia, e que eu não entendia, e sempre apegado a esse gosto do pão molhado que parecia provocar tantas maravilhas, até que, subitamente, as paredes abaladas de minha memória cederam, e os verões que passava na casa de campo, de que falei, irromperam em minha consciência, com suas manhãs arrastando consigo o desfile, o avanço incessante das horas felizes. Então, lembrei-me: todos os dias, depois de vestido, descia até o quarto de meu avô, que acabara de acordar e tomava seu chá. Ele mergulhava um biscoito

---

2   Ms: «eles» (Proust escrevera inicialmente «vários anos» e «eu pensava nesses anos». Ele substituiu duas vezes «anos» por «verões».)

no chá e dava-me para comer. E, quando esses verões passaram, a sensação do biscoito amolecido no chá foi um dos refúgios onde as horas mortas – mortas para a inteligência – foram aninhar-se, e onde, provavelmente, eu jamais as teria reencontrado, se nesse fim de tarde de inverno, voltando gelado pela neve, minha cozinheira não me tivesse oferecido a bebida à qual a ressurreição estava ligada, em virtude de um pacto mágico que eu desconhecia. Mas, assim [que] senti o sabor do biscoito, todo um jardim, até então vago e descorado a meus olhos, com suas aleias esquecidas, pintou-se, ramalhete por ramalhete, com todas as suas flores, em minha xícara de chá, como aquelas florezinhas japonesas que só desbrocham dentro d'água.

Do mesmo modo, muitos dos dias de Veneza, que a inteligência não pudera devolver-me, estavam mortos para mim até que, no ano passado, ao atravessar um pátio, parei de repente em meio ao pavimento desigual e brilhante. Os amigos com quem estava recearam que eu tivesse escorregado, mas fiz-lhes sinal para que continuassem andando, que os alcançaria mais adiante: um objeto mais importante prendia-me, ainda não sabia qual, mas sentia, em meu âmago, fremir um passado que eu não reconhecia; ao colocar o pé sobre o calçamento, senti essa aflição. Sentia invadir-me uma felicidade e que eu seria enriquecido com um pouco dessa pura substância de nós mesmos, que é uma impressão passada, vida pura conservada pura (e que nós só podemos conhecer conservada, pois no momento em que a vivemos, ela não se apresenta à nossa memória, mas em meio a sensações que a suprimem) e [que] pedia apenas para ser libertada, e vir aumentar os meus tesouros de poesia e de vida. Mas não sentia ter força para libertá-la. Tinha medo de que esse passado me escapasse. Ah! A inteligência não me teria servido de nada naquele momento. Recuei alguns passos, para voltar, de novo, àquele pavimento desigual e brilhante, na tentativa de recolocar-me no mesmo estado. De repente, um jato de luz inundou-me. Era a mesma sensação no pé que eu sentira no pavimento um pouco desigual e liso do batistério de São Marcos. A sombra que havia naquele dia sobre o canal, onde minha gôndola aguardava-me, toda a felicidade, todo o tesouro dessas horas precipitou-se em seguida a essa sensação reconhecida e, desde esse dia, aquele reviveu para mim.

Não somente a inteligência nada pode por[3] essas ressurreições, como também essas horas do passado só vão aninhar-se em objetos em que a inteligência não buscou encarná-los. Nos objetos em que[4] tentamos estabelecer conscientemente[5] relações com o momento que vivemos, ela não poderá

........................................................

3 Primeira versão: «nada para nós nessas ressurreições». Proust substituiu «para» por «por», esquecendo, certamente, de riscar «para nós».

4 Proust hesitou entre «onde» e «em que».

5 Ms: «conscienciamente».*

encontrar asilo. E mais, se outra coisa os puder ressuscitar, quando eles ressuscitarem com ela, serão despojados de poesia.

Lembro-me de, num dia de viagem, da janela do vagão, esforçar-me para extrair impressões da paisagem que passava diante de mim. Escrevia tudo ao ver[6] passar o pequenino cemitério de província, tomava nota das barras luminosas do sol sobre as árvores, das flores do caminho parecidas com as do *Lírio do vale*. Desde então, amiúde tentava, ao repensar essas árvores rajadas de luz, esse cemitério de cidadezinha de interior, evocar esse dia, refiro-me ao dia, *ele mesmo*, e não ao seu frio fantasma. Jamais conseguia, e angustiava-me com isso, até que, outro dia, almoçando, deixei cair uma colher sobre meu prato. Nesse momento, reproduziu-se exatamente o mesmo som do martelo dos agulheiros que batiam nas rodas no trem a cada parada, nesse dia. No mesmo instante, a hora ardente e ofuscante em que tal barulho tilintava reviveu para mim, e todo esse dia em sua poesia, exceto apenas, adquiridos pela observação expressa e perdidos para a ressurreição poética, o cemitério de província, as árvores rajadas de luz e as flores balzaquianas do caminho.

Infelizmente, às vezes ao reencontrarmos[7] o objeto, a sensação perdida faz-nos estremecer, mas o tempo já vai longe, não

---

6 Ms: «ao vê-lo».*

7 Ms: «reencontramos, mas a sensação».*

podemos nomear a sensação, chamá-la, ela não ressuscita. Outro dia, enquanto atravessava uma área de serviço, um pedaço de pano verde tapando parte de uma vidraça quebrada fez-me interromper subitamente o passo, ouvir meu próprio interior. Um raiar de verão chegava até mim. Por quê? Tentei lembrar. Via vespas num raio de sol, um aroma de cerejas sobre a mesa, não consegui lembrar. Durante um instante, fui como esses dormidores que, ao acordarem de noite, não sabem onde estão, e tentam orientar o corpo para adquirir consciência do lugar em que se encontram, sem saber em que cama, em que casa, em que lugar da terra, em que ano de suas vidas se encontram. Hesitei assim por um instante, procurando ao redor do quadrado de pano verde os lugares, o tempo em que minha lembrança que acabara de despertar deveria se situar. Hesitava a um só tempo entre todas as impressões confusas, conhecidas ou esquecidas de minha vida; isso não durou mais que um instante, logo não vi mais nada, [minha][8] lembrança readormecera para sempre.

Quantas vezes amigos [viram-]me assim, durante um passeio, parar diante de uma aleia que se abria à nossa frente, ou diante de um arvoredo, e pedir-lhes que me deixassem um pouco sozinho! Era em vão; por mais que, a fim de juntar forças renovadas

8    As palavras entre colchetes são conjecturas do editor; a borda do Ms está rasgada. [N. T.]

para a minha perseguição do passado, por vezes, eu fechasse os olhos, não pensasse em mais nada, e, em seguida, de repente, os reabrisse, tentando rever essas árvores como na primeira vez, não conseguia saber onde as tinha visto. Eu reconhecia sua forma, sua disposição, a linha que desenhavam parecia calcada nalgum misterioso desenho amado que tremia em meu coração. Mas eu não conseguia ir além, elas próprias pareciam, em sua atitude ingênua e ardorosa, falar de seu lamento por não poderem exprimir--se, não poderem contar-me o segredo que sentiam que eu não conseguia destrinchar. Fantasmas de um passado que me era caro, tão caro que meu coração batia apressado, que me estendiam braços impotentes, como aquelas sombras que Eneias encontra no Inferno. Seria nos caminhos ao redor da cidadezinha onde eu fora feliz na infância, seria somente nesse lugar imaginário em que, mais tarde, eu sonhava com mamãe tão doente, perto de um lago, numa floresta onde a noite era clara, lugar sonhado somente, mas quase tão real quanto a terra de minha infância, que já era mero devaneio? Eu não tinha a menor ideia. E era forçado a juntar-me aos amigos que aguardavam por mim na curva da estrada, com angústia de dar, para sempre, as costas a um passado que não reveria jamais, de renegar os mortos que me estendiam braços impotentes e gentis, e que pareciam dizer: ressuscita-nos. E, antes de retomar lugar e voz na conversa com meus amigos, ainda, por vezes, voltava-me para lançar um olhar cada vez menos perspicaz na direção da linha curva e fugidia das árvores expressivas e mudas, que ainda balançavam diante de meus olhos e nada mais diziam ao meu coração.

Ao lado desse passado, essência íntima de nós mesmos, as verdades da inteligência parecem bem pouco reais. Por isso, sobretudo a partir do momento em que nossas forças decrescem, é na direção de tudo que pode ajudar-nos a reencontrá-lo que nos encaminhamos, mesmo que pouco compreendidos pelas pessoas inteligentes que não sabem que o artista vive só, que o valor absoluto das coisas que ele vê não importa para ele, que a escala de valores não pode ser encontrada fora dele. Pode ser que uma[9] detestável apresentação musical num teatro de província, um baile que as pessoas de bom gosto achem ridícula, quer evoque nele lembranças, quer lhe inspire uma ordem de devaneios e preocupações, muito mais do que uma admirável representação no Opéra, do que uma festa ultraelegante no *faubourg* Saint-Germain. O nome de estações[10] num painel da estrada de ferro

.......................................................

9   Primeira versão: «Uma medíocre apresentação num teatro». Proust substituiu «medíocre» por «detestável» e acrescentou «musical»; também inseriu no início da frase «Pode ser», sem incluir «que».

10  Primeira versão: «O nome de uma estação». Proust colocou «estação» no plural; parece que sua correção ficou incompleta.

do norte, onde ele gostaria de imaginar-se descendo do vagão numa noite de outono, quando as árvores já estão desfolhadas e exalam forte aroma no ar fresco, um livro insípido para as pessoas de bom gosto, repleto de nomes que ele não ouve desde a infância, podem possuir, para ele, um valor que não possuem os belos livros de filosofia, e levam as pessoas de bom gosto a dizerem que, para um homem de talento, ele tem um gosto deveras fútil.

Talvez surpreenda que, fazendo pouco caso da inteligência, eu tenha dado por tema às páginas que se seguem, justamente, algumas dessas observações que nossa inteligência nos sugere, em contradição com as banalidades que ouvimos ou lemos. Numa hora em que talvez minhas horas estejam contadas (aliás, não é assim com todos os homens?) talvez seja assaz frívolo fazer uma obra *intelectual*. Mas, por um lado, as verdades da inteligência, se menos preciosas do que esses segredos do sentimento de que falava há pouco, também possuem certo interesse. Um escritor não é apenas poeta. Até mesmo os maiores nomes de nosso século, em nosso mundo imperfeito, em que as obras-primas da arte não passam de escombros do naufrágio de grandes inteligências, ligam, com uma trama de inteligência, as joias de sentimentos em que só aparecem aqui e acolá. E, se acreditarmos que, quanto a esse ponto importante, ouvem-se os melhores de seu tempo enganar-se, chega uma hora em que sacudimos nossa preguiça e sentimos necessidade de dizê-lo. O método de Sainte-Beuve talvez não seja, à primeira vista, [um] assunto tão importante. Porém, talvez sejamos levados, no decorrer dessas páginas, a ver que ele toca em problemas intelectuais muito importantes, talvez o maior de todos para o artista, essa inferioridade da inteligência de que eu falava no início. E, mesmo assim, é à inteligência que incumbe estabelecer essa inferioridade da inteligência. Pois, se a inteligência não merece a coroa suprema, é tão somente a ela que cabe concedê-la. E se, na hierarquia das virtudes, ela só ocupa o segundo lugar, cumpre-lhe, e apenas a ela, proclamar que o instinto deve ocupar o primeiro.

Embora,[11] a cada dia, eu confira menos valor à crítica e mesmo, trocando em miúdos, à inteligência, pois, cada vez mais, considero-a impotente diante da recriação da realidade que constitui toda arte, é na

---

11 Ms encadernado, fólios 9-11. O trecho que acabamos de ler é uma correção provisória copiada por Proust sobre folhas de formato bastante grande, que constituem, hoje, as primeiras páginas do volume encadernado da Biblioteca Nacional de Paris (nº 45) cujo título é «Contre Sainte-Beuve: fragments». Em outras folhas do mesmo volume, há esboços preparatórios: eis dois que têm relação evidente com o projeto de prefácio já citado.

inteligência que me fio para escrever um ensaio[12] inteiramente crítico.

Sainte-Beuve.[13]

A cada dia, atribuo menos valor à inteligência...[14] A cada dia, sinto melhor que não é em sua zona de luz que o escritor consegue evocar suas impressões passadas, que são a matéria da arte. Ela nada pode nos revelar. Pois, assim que morre, cada hora de nossa vida, como as almas nalguma crença antiga, vai-se encarnar nalgum objeto, alguma parcela de matéria, e nela ficará cativa até que encontremos o objeto. Então, ela é libertada...

... Mamãe[15] deixa-me sozinho, mas volto a pensar no meu artigo, e, de repente, vem-me

---

12   Proust escreveu e cortou «pequeno» antes de «ensaio».

13   Proust deu-se o prazer de desenhar esse nome em grandes letras decoradas.

14   Essa frase é seguida de quatro linhas cortadas e de seis linhas barradas diagonalmente.

15   Ms: Caderno II, fólio 21, verso. Virado de cabeça para baixo e folheado ao contrário, o Caderno II oferece um longo desenvolvimento contínuo no verso dos fólios cujo lado direito está numerado de 41 a 19. Numerosas adições constam no verso, quanto às páginas onde devem se inserir. Esse trecho contém um esboço de um episódio que ocorrerá em *Em busca do tempo perdido* (v. III): com efeito, o narrador, cujo nome é Marcel (fólio 33, verso), descreve a emoção

a ideia de um próximo «Contra Sainte-
-Beuve». Ultimamente, o reli, fiz, contra-
riando meus hábitos, grande quantidade
de pequenas notas, que guardei na gaveta.
Começo a construir o artigo mentalmente.
A todo minuto, vêm-me novas ideias. Sequer
passou meia hora, e o artigo por inteiro está
formado em minha mente. Eu bem gostaria de perguntar a mamãe o que ela pensa.
Chamo, nenhum som em resposta. Chamo
novamente, ouço passos furtivos, uma hesita-
ção diante de minha porta, que range.

«Mamãe.
– Chamaste, meu querido?
– Chamei.
– Pois confesso que tive medo de estar en-
ganada e que meu lobo me dissesse:
*Eis-vos, Esther, sem serdes esperada?*[16]

---

que lhe causou a publicação de um artigo seu
no *Figaro*, depois da qual ele se entrega a devaneios com viagens; enfim, ao longo de uma
conversa com a mãe, ele lhe anuncia sua intenção de escrever «um artigo» contra o método
de Sainte-Beuve. Não teríamos condição de
reproduzir integralmente o trecho do Caderno
II, pouco coerente, incompleto e que, além de
suas últimas réplicas, as que citamos, não são
de Sainte-Beuve, assim como outros esboços
de *Em busca do tempo perdido*, e que enchem
seus cadernos.

16  *Esther*, v. 633: *Guardas!... Eis-vos, Esther, sem
serdes esperada?* (Todas as traduções de citações feitas por Proust, de peças ou poemas,
são livres e da tradutora). [N. T.]

ou então:

*Sem minha ordem teus passos trazem?*
*Que mortal insolente ao trespasse vem?*[17]
– Não, não, mãezinha.
*Que receio, minha irmã, vos vem?*[18]
*Tão severa ordem para vosso bem?*
– Ainda assim, acredito que, se eu o tivesse acordado, não sei se meu lobo me teria tão facilmente estendido o seu cetro de ouro.
– Bem, eu queria te pedir um conselho. Senta.
– Espera que eu encontre a poltrona; sabes, não está muito claro aqui. Posso dizer a Félicie que traga a luz?
– Não, não, eu não poderia mais adormecer.

Mamãe, rindo-se:
– Sempre como Molière.
*Proibi, cara Almena, os archotes de se aproximarem.*[19]
– Bom, está aqui. Eis o que queria ler-te. Gostaria de submeter-te uma ideia que tive para um artigo.
– Mas sabes que tua mãe não pode te dar conselhos sobre esse tipo de coisas. Não estudei como tu no *Grand Cyre*.[20]

---

17   *Ibid.*, v. 631 ss.

18   *Ibid.*, v. 637 ss.

19   Molière, *Anfitrião*.

20   Alusão à réplica de Marotte em *As preciosas ridículas*: «Não aprendi, como vós, filosofia no *Grand Cyre*».

– Pois bem, ouve. O assunto seria: contra o método de Sainte-Beuve.

– Como, eu achei que fosse tão bom! No ensaio de Taine [e] no artigo de Bourget[21] que me deste para ler, eles dizem que é um método tão maravilhoso, que não se encontrou ninguém do século XIX a quem o aplicar.

– Infelizmente, dizem isso, sim, mas é uma estupidez. Sabes no que esse método consiste?

– Faz como se eu não soubesse.

– Sua ideia era que...»

«– Eu gostaria[22] de fazer um artigo sobre Sainte-Beuve, gostaria de mostrar que seu método, que tanto se admira, é absurdo, que ele é um mau escritor, e talvez isso me levasse a dizer verdades mais importantes.

– Como assim? Eu achava que Sainte-Beuve era muito bom (mamãe jamais dizia que uma coisa era boa, ou que não era boa, não achava que fosse capaz de ter uma opinião).

– Não, estás enganada...»

---

21  Cf. notas 5 e 6 do capítulo seguinte.

22  Esse fragmento e os dois seguintes constam em três folhas independentes do Ms encadernado (fólios 12, 13 e 14). Aqui encontram-se indicações contidas na passagem do Caderno II, que acabamos de ler. No primeiro fragmento, assim como no do Caderno II, Proust conversa com a mãe.

«Tal método exige tanto tempo etc., diz o senhor Paul Bourget,[23] que se tenta explicar como ninguém além dele» etc. O próprio Sainte-Beuve se incomodava com o fato de que não era sempre aplicável. «Para os antigos», diz ele. E mesmo para os contemporâneos, como ele temia... Por isso, ele recriminava aqueles que poderiam ter nos deixado documentos que não nos deixaram... Valincour...[24] a todos os que conheceram bem um escritor...

«Raros[25] foram os alunos desse mestre que deveria ter deixado muitos, tão excelente foi o seu método. O autor dos *Lundis* definia a crítica: uma botânica moral. Ele queria que, antes de julgar uma obra, o analista literário tentasse compreendê-la...»

---

23 Cf. nota 5 do capítulo seguinte.

24 Em seus *Portraits contemporains* [Retratos contemporâneos], I, 86, Sainte-Beuve escreve: «Sempre tive pelo sr. Valincour o mesmo rancor que lhe reservou o honesto Louis Racine, por não haver deixado algumas páginas de informações biográficas e literárias sobre seus ilustres amigos, os poetas».

25 Todo esse trecho é literalmente tomado ao artigo de Bourget ao qual fazia alusão a nota precedente. (cf. nota 5 do capítulo seguinte).

# O método de Sainte-Beuve [1]

Cheguei ao ponto ou, melhor dizendo, encontro-me na incômoda situação de temer que as coisas que mais desejaríamos dizer – ou, ao menos, na falta dessas, se o enfraquecimento da sensibilidade e a bancarrota do talento não mais o permitirem, as que viriam em seguida, que somos levados, em comparação a esse mais elevado e secreto ideal, a não ter em alta conta, mas que, afinal, não lemos em parte alguma, que podemos pensar que não serão ditas se não as dissermos, e mesmo percebendo ocuparem uma parte menos profunda de nossa mente –, de repente, já não podemos mais dizer. Já não nos consideramos mais como depositários, podendo desaparecer de um momento para outro, de segredos intelectuais que desaparecerão conosco, e gostaríamos de poder vencer a força de inércia da preguiça anterior, obedecendo a esse belo mandamento de Cristo, em São João: «Trabalhai enquanto tendes a Luz». [2] Parece-me que teria, assim,

---

1 Ms encadernado (nº 45), fólios 15-31, verso.

2 Lembrança do *Evangelho segundo São João*, XII, 35 ss: «Por um pouco de tempo ainda, a Luz está no meio de vós. Caminhai enquanto tendes

o que dizer sobre Sainte-Beuve, e logo muito mais com relação a ele do que sobre ele, coisas que possuem, talvez, alguma importância, que, mostrando no que ele pecou, a meu ver, enquanto escritor e enquanto crítico, eu conseguiria, talvez, dizer o que deve ser a crítica e sobre o que é a arte, certas coisas às quais frequentemente pensei. *En passant*, e a seu propósito, como ele o faz tão amiúde, eu o tomaria por pretexto para falar de certas formas de vida...[3] Eu poderia [dizer] algumas palavras sobre alguns de seus contemporâneos, sobre os quais também tenho algumas opiniões. Em seguida, depois de ter criticado os demais e deixando totalmente de lado Sainte-Beuve, eu tentaria dizer o que, para mim, seria a arte, se...

Essa definição e esse elogio do método de Sainte-Beuve, tomei-os de empréstimo[4] desse artigo do sr. Paul Bourget,[5] porque a

---

a Luz [...] Enquanto tendes a Luz, crede na Luz». Cf. carta XLII de Proust a Georges Lauris (dezembro de 1908).

3 Trecho muito rasurado: certas palavras são indecifráveis.

4 Ms: «pedi-a».

5 Essa definição, que o Ms não cita, Proust tomou, certamente, de empréstimo ao artigo que Paul Bourget havia publicado no *Figaro* de 7 de jullho de 1907 para homenagear a memória de Spoelberch de Lovenjoul, morto no dia 4. Pode-se encontrar esse artigo no tomo I das *Pages de critique et de doctrine* [Páginas de crítica e de doutrina], (p. 294 ss). Eis as

definição era curta e o elogio, autorizado. Mas eu poderia ter citado outros vinte críticos. Fazer a história natural das mentes, recorrer à biografia do homem, à história de sua família, a todas as suas particularidades, à inteligência de suas obras e à natureza de seu gênio, eis o que todos reconhecem como sua originalidade, o que ele próprio reconhecia, e no que, aliás, tinha razão. O próprio Taine, que sonhava com uma história natural das mentes mais sistemática e mais bem codificada, com a qual, aliás, Sainte-Beuve não concordava no tocante às questões de raça, não diz outra coisa em seu elogio a Sainte-Beuve:[6] «O método de Sainte-Beuve não é menos precioso do que sua obra. Nisso, ele

---

linhas que Proust deve ter retido de sua leitura: «O sr. Spoelberch foi um dos raros alunos de um mestre que deveria, ao que parece, ter deixado muitos, tão excelente foi o seu método: Sainte-Beuve. Contam-se nos dedos os que o seguiram verdadeiramente. O autor dos *Lundis* definia a crítica: uma botânica moral. Pretendia que, antes de julgar uma obra, o analista literário tentasse compreendê-la, e, antes de a situar, que anotasse detalhadamente as mais ínfimas circunstâncias em que ela foi produzida. Tal estudo comporta pesquisas que deveriam ser extremamente minuciosas sobre a biografia do escritor, seus herdeiros, sua família, seus amigos, seu tempo, as etapas de seu trabalho, pesquisas amparadas em documentos verificados...».

6    Artigo escrito por Taine a 17 de outubro de 1869, quatro dias depois da morte de Sainte-Beuve. Ele foi incluído na coletânea de *Derniers essais*

foi inventor. Ele importou para a história moral os procedimentos da história natural. Ele mostrou...»[7] (página 96), até mesmo «ciências positivas».

Só que ele acrescentava: «Basta aplicá-lo...» [8] a um «... momento duradouro».[9]

Taine dizia isso porque sua concepção intelectualista só concebia a verdade na ciência. Entretanto, como possuía gosto e admirava diversas manifestações da mente, para explicar seu valor, ele as considerava auxiliares da ciência (ver prefácio de *L'Intelligence*). Ele considerava Sainte-Beuve um iniciador, admirável *para o seu tempo*, quase tendo encontrado o seu próprio, o de Taine, método.

Ora, em arte não há (ao menos no sentido científico) iniciador, precursor. Tudo

---

    *de critique et d'histoire* [Últimos ensaios de crítica e de história] (1894).

7  «... ele mostrou como se deve proceder para conhecer o homem...»

8  «Esse tipo de análise botânica praticada nos indivíduos humanos é o único meio de aproximar as ciências morais das ciências positivas, e basta aplicá-las aos povos, às épocas, às raças, para fazê-la produzir frutos.»

9  Proust, inicialmente, se dispusera a interromper aqui essa segunda citação e escrevera: «até fazer frutificar» (ver nota anterior). Mas, em seguida, achou melhor fazer um texto mais extenso e continuar até o fim do artigo: «... as bases de um momento grande e duradouro».

[está][10] dentro do indivíduo, cada indivíduo recomeça, por sua própria conta, a tentativa artística ou literária; e as obras de seus predecessores não constituem, como na ciência, uma verdade adquirida da qual seu sucessor se aproveita. Um escritor de gênio, hoje, ainda tem tudo por fazer. Não foi muito além que Homero.

Mas os filósofos que não souberam encontrar o que há de real e de independente, com relação à ciência, na arte, foram obrigados a imaginar a arte, a crítica etc., como ciências em que o predecessor avançou forçosamente menos do que aquele que o sucede.

Porém, de resto, de que adianta nomear todos aqueles que veem nisso a originalidade, a excelência do método de Sainte-Beuve? Bastar dar-lhe, a ele mesmo, a palavra: p. 15 (suprimindo os antigos),[11] p. 16, 17.

«A literatura, dizia Sainte-Beuve,[12] não é, para mim, diferente ou, nem mesmo,

---

10 Primeira versão: «Tudo está contido dentro do indivíduo». Proust cortou «Tudo está contido» e reescreveu «Tudo» sem verbo.

11 Proust se propunha, aqui, a citar, ao menos parcialmente, as três primeiras páginas do célebre artigo de Sainte-Beuve datado de 22 de julho de 1862, incluído no tomo III dos *Nouveaux Lundis* (p. 15 ss), citado na nota anterior. Ele teria suprimido o parágrafo que começa por: «Com os antigos, não se tem meios suficientes de observação...».

12 No artigo *Nouveaux Lundis* supracitado. Proust cita o início do segundo parágrafo:

destacável do restante do homem e da organização... Não teríamos[13] demasiadas maneiras ou demasiadas perspectivas para se conhecer um homem, isto é, outra coisa que não seja mente pura. Enquanto não tivermos destinado, a propósito de um autor, certo número de perguntas, e enquanto não as tivermos respondido, mesmo que somente para nós mesmos e a meia-voz, não temos certeza de o haver compreendido inteiramente, por mais que essas perguntas pareçam estranhas à natureza de seus escritos: que pensava ele sobre religião? Como era afetado pelo espetáculo da natureza? Como se comportava em relação às mulheres, ao dinheiro? Era rico, pobre; qual era o seu regime, sua maneira de viver cotidiana? Qual era o seu vício ou sua fraqueza? Nenhuma das respostas a essas perguntas é indiferente ao se julgar o autor de um livro e o próprio livro, se esse livro não for um tratado de geometria pura, se for, sobretudo, uma obra literária, ou seja, na qual há [de] tudo etc.». Nesse método, que aplicou instintivamente durante toda a vida e no qual, nos últimos anos, ele via os primeiros lineamentos de uma espécie de botânica literária...[14]

---

«A literatura, a produção literária não é, para mim, diferente...».

13 *Nouveaux Lundis*, t. III, p. 272.

14 A frase foi deixada incompleta; abaixo dela, há um espaço em branco, na p. 18 do Ms encadernado.

A obra de Sainte-Beuve não é uma obra profunda. O famoso método, que faz dele, segundo Taine, segundo o sr. Paul Bourget e tantos outros, o mestre inigualável da crítica do século XIX, esse método que consiste em não separar homem e obra, em considerar que não é indiferente, para se julgar o autor de um livro, se esse livro não for «um tratado de geometria pura», se ter, antes, respondido às perguntas que parecem ser as mais estranhas à sua obra (como ele se comportava...), ter-se cercado de todas as informações possíveis sobre um escritor, coletado sua correspondência, interrogado os homens que o conheceram, conversado com eles, caso ainda vivam, lido tudo o que pode ter sido escrito sobre ele, se estiverem mortos, esse método desconhece o que um convívio pouco profundo consigo mesmo nos ensina: que um livro é o produto de um outro eu, que não é aquele que manifestamos em nossos hábitos, na sociedade, em nossos vícios. Esse eu, se o quisermos compreender, é no fundo de nós mesmos, tentando recriá-lo em nós, que podemos conseguir fazê-lo. Nada pode nos dispensar desse esforço de nosso coração. É preciso construir essa verdade peça por peça e...[15] É demasiadamente fácil imaginar que ela nos chegará, uma bela manhã, em nosso correio, sob a forma de uma carta inédita, que um bibliotecário de nossos amigos

---

15  Frase inacabada.

nos comunicará, ou que a ouviremos da boca de alguém que muito [conheceu] o autor. Ao falar da grande admiração inspirada pela obra de Stendhal em vários escritores da nova geração, Sainte-Beuve diz:[16] «Se me permitirem dizer-lhes, para julgar claramente essa mente assaz complicada, e sem, em nada, exagerar, em qualquer sentido, retornarei sempre e de preferência, independentemente de minhas próprias impressões e lembranças, ao que me dirão aqueles que o conheceram em seus bons anos e em suas origens, ao que dirá o sr. Mérimée, o sr. Ampère, o que me diria sobre ele Jacquemont, se estivesse vivo, aqueles que, em suma, muito o viram e saborearam em sua forma primeira».

Por que isso? No que o fato de ter sido amigo de Stendhal permite julgá-lo melhor? É provável, ao contrário, que isso atrapalhe tal juízo. O eu que produz as obras é ofuscado, aos olhos de seus amigos, pelo outro, que pode ser muito inferior ao eu exterior de muitas pessoas. Aliás, a melhor prova disso é que Sainte-Beuve, tendo conhecido Stendhal, tendo recolhido junto ao «sr. Mérimée» e ao «sr. Ampère» todas as informações que podia, tendo-se munido, em suma, de tudo o que permitia, a seu ver, ao crítico julgar mais exatamente um livro, julgou Stendhal da seguinte maneira: «Acabo de reler, ou de tentar fazê-lo, os romances de Stendhal; eles

---

16 *Causeries du Lundi*, t. IX, p. 272.

são, francamente, detestáveis».[17] Aliás,[18] ele reconhece que *O vermelho e o negro*, «assim intitulado não se sabe bem por que e por um emblema que é preciso adivinhar, *possui, ao menos, ação*. O primeiro volume apresenta interesse, apesar do estilo e das inverossimilhanças. *Há, aí, uma ideia*. Beyle tinha, para esse início de romance, um exemplo preciso, *segundo disseram-me*, em alguém de seu conhecimento, e, *enquanto se ateve a ele, ele pareceu verdadeiro*. A pronta introdução desse jovem tímido nesse mundo para o qual não foi educado etc., *tudo isso é bem apresentado, ou, ao menos, o seria, caso o autor* etc... Não são seres vivos, mas autômatos engenhosamente construídos... Nas novelas que têm temas italianos, *ele se saiu melhor... A cartuxa de Parma* é, de todos os romances de Beyle, o *que deu a algumas pessoas* a melhor ideia de seu talento nesse gênero. Vê-se como estou longe, em relação à *Cartuxa* de Beyle, de partilhar o entusiasmo do sr. Balzac. Depois de se o ler, retorna-se, naturalmente, parece-me, ao gênero francês etc... Requer-se uma parte de razão etc., como é o caso de *Os noivos*, de Manzoni, de qualquer

---

17 *Causeries du Lundi*, t. IX, p. 262. «Acabo de reler a maioria de seus romances». *Ibid.*, t. XIII, p. 276. «Tendo conhecido Stendhal, o havendo saboreado, relido ainda bem recentemente ou tentado reler seus romances tão alardeados (romances sempre fracassados, apesar das partes bonitas e, em suma, detestáveis), é-me impossível admirá-los...»

18 *Causeries du Lundi*, t. IX, p. 263-270 (*passim*).

bom romance de Walter Scott, ou uma encantadora e verdadeiramente simples novela de Xavier de Maistre; o resto não passa de obra de um homem de espírito...».

E termina com essas duas pérolas: «Criticando[19] assim, com alguma franqueza, os romances de Beyle, longe de mim pretender culpá-lo por os haver escrito... Seus romances são o que podem ser, mas não são vulgares. São como sua crítica, sobretudo segundo aqueles que...». E essas palavras que encerram o estudo: «Beyle[20] possuía, no fundo, uma retidão e uma certeza nas relações íntimas que não se pode deixar de reconhecer, inclusive porque ouviu certas verdades». No final das contas, esse Beyle é um bravo homem. Talvez não tenha valido a pena encontrar tão assiduamente o sr. Mérimée nos jantares, na Academia etc., tanto ter «conversado com sr. Ampère», para chegar a esse resultado e, quando o lemos, ficamos menos preocupados do que Sainte-Beuve, pensando que novas gerações virão. Barrès, com uma hora de leitura e sem «informações», teria feito mais do que o senhor. Não estou dizendo que tudo o que ele diz de Stendhal esteja errado. Mas, quando lembramos do tom de entusiasmo com que fala nas novidades de Mme. de Gasparin[21] ou Töpffer, fica assaz claro que,

---

19  *Ibid.*, p. 271 ss.

20  *Ibid.*, p. 273.

21  Ver o tomo IX de *Nouveaux Lundis* (p. 258 ss), o artigo intitulado «Mlle. Eugénie de Guérin et

se todas as obras do século XIX tivessem queimado num incêndio, com exceção dos *Lundis*, e que devêssemos esboçar uma ideia da *classificação* dos escritores do século XIX, Stendhal nos apareceria inferior [a][22] Charles de Bernard, Vinet, Molé, Mme. de Verdelin. Ramond, Sénac de Meilhan, Vicq d'Azyr, e tantos outros, e, a bem da verdade, indistinguível de Alton Shée e de Jacquemont.[23] E sem a distração dos rancores que pode ter sentido contra outros escritores.

---

Mme. de Gasparin».

22 Primeira versão: «aparece-nos acima de..., de..., de...» etc. Proust substituiu «acima de» por «inferior», mas esqueceu a preposição; entretanto, corrigiu «de muitos outros» para «tantos outros».

23 Depois de «Jacquemont», Proust havia escrito esse trecho incompleto, que riscou com traços oblíquos: «Mostrarei, aliás, que ele fez o mesmo quanto a quase todos os seus contemporâneos verdadeiramente originais: belo sucesso para um homem que estipulava, como principal função da crítica, que se adivinhasse seus grandes conteporâneos! [citação de *Génie* – referência que Proust faz por equívoco ao *Génie* (*du christianisme*). Ele pensa na passagem de Sainte-Beuve (*Chateaubriand et son groupe*, ed. original, t. II, p. 117, nº 2), que ele já citara em 1905 em seu artigo «Sobre a leitura»]. Mas, voltando a Stendhal, que citei preferencialmente porque quanto a ele não há como descobrir, em seu julgamento, qualquer razão pessoal, ele não fez valer apenas o argumento de autoridade auferido dos amigos, mas de si próprio...».

«Um artista...», disse Carlyle, acaba não vendo mais o mundo, a não ser «para empregar uma ilusão a descrever».[24]

Em momento algum, Sainte-Beuve parece ter compreendido o que há de particular na inspiração e no trabalho literários, e o que os diferencia inteiramente das ocupações dos outros homens e das outras ocupações do escritor. Ele não fazia distinção entre a ocupação literária – em que, na solidão, fazendo calar sua fala, cujas palavras são tanto dos outros quanto nossas próprias, e com as quais, mesmo a sós, julgamos as coisas sem sermos nós mesmos, nos colocamos face a face com nós mesmos, tentamos ouvir e expressar o verdadeiro som de nosso coração – e a conversação! «Escrever».[25]

---

24 Como saber em qual passagem de Carlyle Proust estava pensando? Em todo caso, lembra-se de Flaubert: no prefácio que este colocou em *Dernières Chansons* [Últimas Canções], de Louis Bouilhet, ele diz, sobre o escritor, que «todos os acidentes do mundo parecem-lhe transpostos como para o emprego de uma ilusão a descrever».

25 Proust pensava em citar aqui um trecho do prefácio de *Chateaubriand et son groupe* (1861): «Escrever de tempos em tempos coisas agradáveis, ler coisas agradáveis e sérias, cultivar amigos [...] dar mais à intimidade do que ao público [...] assim desenhou-se para ele o sonho do *galante homem* literário, que conhece o preço das coisas verdadeiras, e que não deixa que o ofício e o trabalho duro espezinhem o essencial de sua alma e de seus pensamentos.

Apenas a aparência mentirosa da imagem dá, aqui, algo de mais exterior e de mais vago [ao ofício],[26] algo de mais aprofundado e recolhido à intimidade. Em realidade, o que se dá ao público é o que se escreveu sozinho, para si mesmo, a obra verdadeiramente de si... O que se dá à intimidade, quer dizer, à conversação (por mais refinada que seja, e a mais refinada é a pior de todas, pois falseia a vida espiritual ao associar-se: as conversas de Flaubert com a sobrinha e com o relojoeiro não representam perigo) e às produções destinadas à intimidade, ou seja, rebaixadas ao gosto de algumas pessoas e que não passam de conversação escrita, é obra de um eu bem mais exterior, não do eu profundo, que só se encontra quando se ignoram os outros, e do eu que conhece os outros, o eu que esperou enquanto estávamos com os outros, que sentimos ser, verdadeiramente, o único real, e para o qual, unicamente, os artistas vivem, como um deus do qual cada vez menos se

---

Desde então, fui tomado e subjugado pela necessidade de renunciar ao que considerava ser a única felicidade ou consolo sublime do melancólico e do sábio...» (ed. original, t. I, p. 6).

26 Ms: «vago, alguma coisa». Ao copiar (todo esse trecho foi passado a limpo) Proust omitiu ao menos duas palavras. É evidente que ele quer opor a vida criativa do escritor à sua vida social: somente a primeira é verdadeiramente «interior»; ora, Sainte-Beuve a julga «exterior». A segunda é superficial; Sainte-Beuve a considera profunda.

afastam, e ao qual sacrificaram a vida que só serve para honrá-lo. Talvez, a partir dos *Lundis*, não somente Sainte-Beuve mudará de vida, como se elevará – não muito alto! – à ideia de que uma vida de trabalho forçado, como a que ele leva, é, no fundo, mais fecunda, necessária a certas naturezas propensas ao ócio que, sem ela, não entregariam suas riquezas. «[lacuna]», dirá ele, referindo-se a Favre,[27] Fauriel etc. etc.

Ele dirá com frequência que a vida do homem de letras está dentro de seu gabinete, apesar do incrível protesto que erguerá contra o que Balzac diz em *A prima Bette*.[28] Mas

---

27 Proust escreveu «Fabre»; mas certamente está pensando no artigo de *Lundis* (XIII, p. 240 ss) sobre Guillaume Favre, que compara a Fauriel: «É bom que os homens de ciência se sintam às vezes em presença de um público menos sério, menos sólido e que, devido à sua grande e íntima indiferença, obrigue os escritores a se desdobrarem em esforços [...] Se ele não fosse intimado a *debitar* sua ciência [...], talvez ele só tivesse acumulado dinheiro farto e reservas ocultas».

28 Alusão a um trecho do artigo escrito por Sainte-Beuve no dia seguinte à morte de Balzac (*Lundis*, t. II, p. 353). Em *A prima Bette* (ed. Conard, XVII, pp. 239-244), a propósito do escultor Wenceslas Steinbock, Balzac insiste na distância que há entre a arte da Concepção e a da Execução: «Pensar, sonhar, conceber belas obras é uma ocupação deliciosa [...] Mas produzir! [...] O trabalho constante é a lei da arte [...] Por isso, os grandes artistas, os poetas completos não esperam por encomendas, nem

ele continuará sem compreender esse mundo único, fechado, sem comunicação com o exterior que é a alma do poeta. Ele acreditará que os outros podem dar-lhe conselhos, excitá-lo, reprimi-lo: «Nada de Boileau...».[29]

E, por não haver visto o abismo que separa o escritor do homem do mundo, por não haver compreendido que o eu do escritor não se mostra em seus livros, e que ele só mostra aos homens do mundo (ou mesmo a esses homens do mundo que são, no mundo, os outros escritores, que só voltam a ser escritores quando sós) um homem do mundo como eles, ele inaugurará esse famoso método que, segundo Taine, Bourget, e tantos outros, é sua glória, que consiste em interrogar avidamente, para compreender um

---

compradores: eles criam hoje, amanhã, sempre. Como consequência, o hábito do trabalho, o perpétuo conhecimento das dificuldades que os mantêm em concubinagem com a Musa...». É sobretudo essa última expressão que chocou Sainte-Beuve: «Não, Homero ou Fídias não viveram, assim, em *concubinagem* com a Musa; eles sempre a acolheram e conheceram casta e severa» (*Lundis*, t. II, p. 354). Proust retorna a esse trecho de Balzac e ao protesto de Sainte-Beuve.

29 Provável alusão ao artigo de *Lundis*, t. VI, p. 417, consagrado a Boileau. Sainte-Beuve desenvolve a ideia, na época comumente aceita, de que Boileau exerceu uma influência profunda e feliz sobre os grandes escritores de seu tempo. «Sabeis o que, hoje em dia, falta a nossos poetas?... Falta um Boileau...».

poeta, um escritor, aqueles que o conheceram, conviveram com ele, que poderão dizer-nos como ele se comportava em relação às mulheres etc., ou seja, precisamente sobre todos os pontos em que o eu verdadeiro do poeta não está em jogo.

Em momento algum de sua vida, Sainte-Beuve parece ter concebido a literatura de uma maneira verdadeiramente profunda. Ele a coloca no mesmo patamar da conversação.[30]

Essa concepção tão superficial não mudará, como veremos, mas esse ideal factício[31] se perdeu para sempre. A necessidade obrigou-o a renunciar àquela vida. Tendo que entregar sua demissão ao administrador da biblioteca Mazarine, ele precisou de um trabalho que lhe permitisse etc., e aceitava de bom grado ofertas...[32]

---

30 Lê-se em seguida no Ms (p. 24, verso) essa frase inacabada: «Citação de *Chateaubriand et son groupe*, vítima, aqui, da imagem mentirosa que parece atribuir à literatura para íntimos...».

31 Palavra de leitura duvidosa.

32 A frase ficou inacabada. Na mesma página 24, verso, essa primeira redação, inacabada, também está cortada: «Logo a necessidade o obriga a renunciar a essa vida. Forçado a entregar sua demissão de conservador da biblioteca Mazarine, foi-lhe preciso, para viver, primeiro, aceitar um curso em Liège, em seguida, fazer o *Lundi* no *Constitutionnel*. Se, a partir dos *Lundis*, sua...».

A partir desse momento, aquela liberdade que desejara foi substituída por um trabalho árduo. «Desde a manhã, diz-nos um de seus secretários etc.»

Sem dúvida, esse trabalho forçou-o a colocar para fora uma série de ideias que talvez, se tivesse perseverado na vida ociosa que previra inicialmente, jamais teriam vindo à luz. Ele parece ter sido tomado pelo proveito que certas mentes podem auferir, assim, da necessidade de produzir (Favre,[33] Fauriel, Fontanes). Durante dez anos, tudo o que ele teria reservado aos amigos, a si mesmo, a uma obra longamente meditada que, certamente, jamais teria escrito, teve que tomar forma, sair progressivamente de dentro de si. Suas reservas, onde encontramos pensamentos preciosos – um dos quais deveria se cristalizar num romance, outro, desenvolver um poema, tal outro cuja beleza ele, um dia, sentiu ao ler um livro do qual deveria falar e, bravamente, para fazer uma oferenda ainda mais bela, à qual sacrificou seu mais querido Isaac, sua sublime Ifigênia. «Faço flecha de toda madeira», dizia ele, «queimo meus últimos cartuxos». Pode-se dizer que, no fabrico desses projéteis que lançou toda segunda-feira, com um estrondo incomparável, ele fez entrar matéria, a partir de então perdida, de livros mais duradouros. Mas ele bem sabia

........................................................................

33 Quanto a Guillaume Favre (também aqui Proust escreve Fabre) e Fauriel, ver nota 27 deste capítulo.

que isso tudo não seria perdido e que, já que um pouco de eterno ou, ao menos, de duradouro havia entrado na composição desse efêmero, esse efêmero seria coletado, recolhido e que as gerações continuariam a dele extrair algo de duradouro. E, de fato, assim são os seus livros, às vezes divertidos, às vezes, até verdadeiramente agradáveis, que levam a momentos de tão verdadeiro divertimento que algumas pessoas, estou convicto,[34] aplicariam sinceramente a Sainte-Beuve o que se diz de Horácio: «...».[35]

Seu título, *Lundis*, lembra-nos que eles foram para Sainte-Beuve o trabalho febril e encantador de uma semana, o despertar glorioso dessa manhã de segunda-feira. Em sua pequenina casa da rue de Mont-Parnasse, nas manhãs de segunda, na hora em que, no inverno, o dia ainda está pálido por sobre as cortinas fechadas, ele abria o *Constitutionnel* e sentia que, no mesmo instante, as palavras que escolhera vinham trazer, em muitos interiores de Paris, a novidade dos pensamentos brilhantes que descobrira, e excitar em muitas pessoas a admiração que sente por si mesmo aquele que viu nascer em si uma ideia melhor do que já leu em textos de outrem, e que apresentou em toda a sua força, com todos os detalhes, que ele sequer

---

34 Leitura duvidosa.

35 Proust pretendia, talvez, citar aqui algumas linhas do artigo «Horace», que se segue ao estudo de Sainte-Beuve sobre Virgílio (p. 455 ss).

havia percebido inicialmente, em plena luz, também com sombras que acariciara amorosamente. Sem dúvida, já não sentia mais a emoção do principiante,[36] que tem,[37] há tempos, um artigo num jornal, que, nunca o vendo ao abrir o jornal, passa a ansear desesperadamente para que seja publicado. Mas, certa manhã, sua mãe, ao entrar em seu quarto, coloca ao seu lado o jornal, com um ar mais distraído do que de costume, como se não houvesse nada de curioso a ler nele. Mas, mesmo assim, ela o coloca bem perto dele, para que ele não tenha como não o ler, retira-se rapidamente e empurra com força a velha empregada, que estava entrando no quarto. E ele sorri, porque compreendeu que sua amada mãe queria que ele não suspeitasse de nada, para que ele tivesse a maior surpresa de sua vida, e que estivesse só ao saboreá-la, e não ficasse irritado com palavras de outras pessoas durante sua leitura, e obrigado, por orgulho, a esconder sua alegria àqueles que teriam tido a indiscrição de pedir para partilhá-la com ele. Porém, acima do dia pálido, o céu é da cor da brasa: nas ruas brumosas, milhares de jornais, ainda úmidos

---

36 Proust pensa na emoção que ele próprio sentiu quando seu primeiro artigo foi publicado no *Figaro*; essa lembrança é muitas vezes evocada em seus Cadernos.

37 Tal parece ser o texto do Ms, aqui, muito pouco legível. É preciso compreender, sem dúvida: que tem no prelo, em espera.

de tinta e de orvalho, mais nutritivos e mais saborosos que os brioches quentes que, em torno da lamparina ainda acesa, serão despedaçados no café com leite, vão correndo levar seu pensamento mil vezes multiplicado a todas as residências. Pede que comprem logo outros exemplares do jornal para bem tocar com os dedos o milagre dessa multiplicação surpreendente, sentir a alma de um novo comprador, abrir com olhos não prevenidos esse outro exemplar e nele encontrar o mesmo pensamento. E como o sol, tendo inchado, enchido, iluminado, saltado, com o pequeno impulso de sua dilatação, por sobre o horizonte violáceo, ele vê, triunfando em cada mente, o seu pensamento, no mesmo instante, subindo, como um sol, e tingindo-o por inteiro com suas cores.

Sainte-Beuve já não era mais um principiante e já não mais sentia essas alegrias. Porém, nas primeiras horas da manhã de primavera, ele via, em seu leito de altas colunas, Mme. de Boigne abrindo o *Constitutionnel*; ele se dizia que, às duas horas, o Chanceler[38] viria vê-la e que conversaria com ela sobre o artigo, que, talvez, essa noite, ele receberia uma mensagem de Mme. Allart ou de Mme. d'Arbouville dizendo-lhe que elas haviam pensado no que escrevera. E assim, seus artigos pareciam-lhe como uma espécie de arco cujo começo era, sim, o seu pensamento e sua prosa, mas cujo final mergulhava na mente e

---

38  Pasquier.

na admiração de seus leitores, onde perfazia a sua curva e recebia suas últimas cores.

O mesmo ocorre com um artigo, como nessas frases que lemos, tremendo, no jornal, no relatório da Câmara: «O sr. Presidente do Conselho, Ministro do Interior e dos Cultos: os senhores verão...» (*Vivos protestos à direita, salva de palmas à esquerda, rumor prolongado*), na composição das quais a indicação que a precede, e as marcas de emoção que se lhe seguem, entram como uma parte tão integrante do texto quanto as palavras pronunciadas. Na realidade, em «os senhores verão» a frase não está terminada, ela acaba de começar, e «vivos protestos à direita etc.» é o seu final, mais belo do que o seu meio, digno de um início. Assim, a beleza jornalística não está inteiramente no artigo; destacada das mentes em que se termina, não passa de uma Vênus partida. E como é da multidão (mesmo que essa multidão seja uma elite) que ela recebe sua derradeira expressão, essa expressão é sempre um pouco vulgar. É nos silêncios de aprovação imaginada deste ou daquele leitor que o jornalista pesa suas palavras e encontra seu melhor equilíbrio com seu pensamento. Assim, sua obra, escrita com a inconsciente colaboração dos outros, fica menos pessoal.

Como vemos Sainte-Beuve acreditar que a vida de salão, que era de seu agrado, fosse indispensável à literatura, e projetá-la através dos séculos, aqui, corte de Luis xiv, ali, círculo seleto do Diretório, também... Na realidade, esse criador de toda a semana, [que] geralmente sequer descansou no domingo e recebe seu salário de glória na segunda-feira, pelo prazer que provoca em bons juízes e pelos golpes que inflige nos maus, concebe toda literatura, também, como uma espécie de *Lundis* que, talvez, se poderão reler, mas que devem ter sido escritos em seu tempo, com a preocupação voltada à opinião dos bons juízes, para agradar, e sem contar muito com a posteridade. Ele vê[39] a literatura sob a categoria do tempo. «Anuncio-lhe uma interessante temporada poética», escreve ele a Béranger.[40] [...] Pergunta a si mesmo se, mais tarde, se gostará da literatura, e diz aos Goncourt, a propósito de *Madame Gervaisais*: «[lacuna]»[41] A literatura parece-lhe uma coisa de época e vale o que valia o personagem. Em suma, mais vale ter um grande papel político e não escrever do que ser um político descontente e escrever um livro de moral... etc. Assim, ele não é como Emerson, que dizia ser preciso

---

39 Palavra de leitura duvidosa.

40 *Portraits contemporains*, t. I, p. 139. O nome de Béranger vem seguido de algumas palavras difíceis de decifrar: «O esperávamos [?] na pradaria, e como há uma bela... sabedoria antiga ele diz... Contar que ao morrer... literários». Aqui retoma nosso texto: «Ele pergunta a si mesmo».

41 Cf. *Journal des Goncourt* (ed. de 1888), à data de março de 1869 (III, p. 275) : «Como lhe declaramos orgulhosamente que só há, para nós, um público, não o do momento, mas o do futuro, ele nos diz com um dar de ombros: Será que há um futuro, uma posteridade?... O senhor acredita nisso?».

atrelar sua carruagem a uma estrela. Ele tenta atrelá-la ao que há de mais contingente, a política: «Colaborar num grande movimento social pareceu-me interessante», diz ele. Repetiu vinte vezes que lamentava que Chateaubriand, Lamartine, Hugo tivessem feito política: mas, na realidade, a política é mais estranha às suas obras do que aos seus críticos. Por que, diz ele em relação a Lamartine, «o talento está fora»? Quanto a Chateaubriand: «Essas *Memórias* são pouco agradáveis... Pois, em termos de talento...»[42] «Eu não poderia, realmente, falar de Hugo».

Tinha-se[43] por ele apreço, mas também consideração. «Saiba que se o senhor preza a opinião dos outros, prezamos a sua», escrevia-lhe Mme. d'Arbouville, e ele nos diz que ela lhe havia dado como lema: querer agradar e permanecer livre. Na realidade, ele era tão pouco livre[44] que, enquanto Mme. Récamier viveu, ele temia dizer algo hostil sobre Chateaubriand. Pois, assim que Mme. Récamier e Chateaubriand morreram, ele se redimiu;

---

42  *Lundis*, t. I, p. 343 (artigo de 18 de março de 1850 sobre as *Memórias de além-túmulo*): «Eles são pouco amáveis [...] e aí está o grande defeito. Pois, quanto ao talento, [...] sente-se-o em muitas das páginas o traço do mestre...».

43  Na sociedade.

44  Ms: «tão pouco que, duas páginas mais adiante, *ele o* que...». Proust cortou «*ele o*» e esqueceu de cortar «que duas páginas mais adiante».

não sei se foi o que quis dizer, em suas «notas e pensamentos»: «Depois de ter sido advogado, tenho muita vontade de tornar-me juiz».[45] O fato é que destruiu, frase por frase, suas opiniões precedentes. Tendo que fazer um comentário sobre as *Memórias de além-túmulo*, depois de uma leitura que aconteceu na casa de Mme. Récamier, ao chegar ao ponto em que Chateaubriand diz «[lacuna]»,[46] ele discordou, achando que esse escrúpulo deixava entrever um excesso de delicadeza:[47] «Não, não, o senhor não está em sua casa...». Quando, depois da morte de Chateaubriand e de Mme. Récamier, comentou as *Memórias de além-túmulo*, chegando nesse mesmo trecho, novamente, ele interrompe o augusto narrador mas, dessa vez, não mais para dizer-lhe: «Mas é excessivamente natural». – «Como!,

---

45 *Portraits littéraires*, t. III, p. 534 (*Pensées*) : «Na crítica, já fiz papel de advogado por tempo suficiente, façamos agora papel de juiz».

46 Eis o comentário de Chateaubriand, que cita Sainte-Beuve nos *Portraits contemporains* (1834), I, p. 25: «Mas não se trata, aqui, de estranhos detalhes, pretenções asquerosas num tempo em que se quer que ninguém seja filho de seu pai? Eis muitas vaidades numa época de progresso, de revolução!» E eis o «protesto» de Sainte-Beuve: «Não; no sr. de Chateaubriand, o cavalheiresco é uma qualidade inalienável; o cavalheiro qué há nele nunca faltou, mas nunca foi obstáculo para algo melhor».

47 Lembrança de *Animaux malades de la peste* [Animais infectados pela peste].

diz ele...»[48] Mesmo a respeito de um dos homens que ele mais louva, com mais brilho, mais gosto, mais continuidade, o chanceler Pasquier, parece-me que não contradisse os elogios mais entusiastas porque, sem dúvida, a velhice prolongada de Mme. de Boigne o impediu. «Mme. de Boigne queixa-se de não mais o ver, escreve-lhe o Chanceler (como George Sand escrevia-lhe: «Alfred de Musset...»[49]). Quer vir pegar-me no Luxemboug? Conversaremos etc.» À morte do Chanceler, Mme. de Boigne ainda vivia.[50] Três artigos sobre o Chanceler, assaz elogiosos para agradar essa amiga desconsolada. Mas, à morte de [Mme. de Boigne],[51] lemos nos *Portraits*: «Cousin diz...», e ele diz,[52] no jantar de

---

48 Essas críticas que Sainte-Beuve dirigiu contra Chateaubriand encontram-se em *Lundis*, t.I, p. 350.

49 Cf. carta de G. Sand a Sainte-Beuve datada de 19 de setembro de 1833.

50 Pasquier morre aos 92 anos de idade, em 1862; Mme. de Boigne, aos 85, quatro anos mais tarde.

51 Ms: «Pasquier».

52 «... Entre os amigos de Chateaubriand ele mal era tolerado... Joubert cobria-o com seu desprezo» (*Journal des Goncourt*, ed. 1887, II, p. 189, à data de 11 de abril de 1864.) O irônico é que Sainte-Beuve, antes de dizer tais coisas de Pasquier, apresentara-se como «defensor e campeão» de sua memória. É então que Goncourt declara a Sainte-Beuve: «Se eu

Magny, a Goncourt,[53] o qual não consegue se conter e diz: «É horrível ser pranteado por Sainte-Beuve».

Porém, geralmente, sua suscetibilidade, seu humor volúvel, seu rápido enfado diante do que antes o fascinara, faziam com que, enquanto ainda viviam as pessoas, ele «se libertasse». Não era preciso estar morto, bastava estar brigado com ele, e é por isso que temos artigos contraditórios sobre Hugo, Lamartine, Lamenais etc., e sobre Béranger, a propósito do qual diz, nos...[54] Essa «liberdade recuperada» fazia à sua «vontade de agradar» o contraponto indispensável à sua consideração. É preciso acrescentar que havia, nele, certa disposição a inclinar-se diante dos poderes estabelecidos, certa disposição a desvincular-se deles, uma tendência mundana e conservadora, uma tendência liberal e livre pensante. À primeira, devemos o enorme espaço reservado aos grandes personagens políticos da Monarquia de Julho em sua

---

morrer antes do senhor, que Deus me livre de suas louvações!».

53 Ms: «e ele diz a Goncourt, no jantar de Magny, o qual não consegue.»

54 Proust não fornece o título da obra; pensa, sem dúvida, no tomo II de *Lundis*, em que se encontra um artigo sobre Béranger datado de 15 de julho de 1850. Sainte-Beuve, aqui, faz alusão ao retrato extremamente elogioso que traçou do cancioneiro «há mais de quinze anos». Agora, ele só acalanta o desejo de «mostrar as pessoas tal como são». (t. II, p. 225)

obra, onde não se pode dar um passo, nos salões onde ele reúne interlocutores ilustres, pensando que da discussão brotará luz, sem se deparar com o sr. Molé, todos os Noailles possíveis, que ele respeita ao ponto de crer que seria culpado, depois de duzentos anos, de citar inteiramente, num de seus artigos, o retrato de Mme. de Noailles em Saint-Simon e que, além disso, e como que em desforra, ele esbraveje contra as candidaturas aristocráticas à Academia (a propósito da eleição contudo tão legítima do duque de Broglie),[55] dizendo: aquela gente vai acabar elegendo seus porteiros.

Quanto à própria Academia, sua atitude é a um só tempo de amigo do sr. Molé, que pensa que a candidatura de Baudelaire, embora seja seu grande amigo, seria uma piada,[56] e escreve que este até deveria orgulhar-se por haver agradado aos acadêmicos: «O senhor causou boa impressão, já não basta?»,[57] e também de amigo de Renan, que

---

55 Cf. *Nouveaux Lundis*, t. I, p. 387 (artigo de 20 de janeiro de 1862, intitulado «Des prochaines élections de l'Académie»). Nele, Sainte-Beuve se declara hostil à eleição do duque Alberto de Broglie à cadeira de Lacordaire (mais nenhuma alusão aos porteiros!). O duque foi eleito.

56 Cf. artigo de *Nouveaux Lundis*, t. I, p. 400: «Perguntamo-nos inicialmente se o sr. Baudelaire, ao se apresentar, queria fazer um nicho na Academia...».

57 Cf. carta de Sainte-Beuve a Baudelaire de 15 de fevereiro de 1862.

pensa que Taine se humilhou ao submeter os seus *Ensaios* ao juízo dos acadêmicos, que não têm como compreendê-lo, que troveja contra o monsenhor Dupanloup, que impediu Littré de entrar para a Academia e disse ao seu secretário, desde o primeiro dia: «Quinta-feira, vou à Academia, meus colegas são pessoas insignificantes». Ele faz artigos complacentes, como ele próprio confessa, sobre este ou aquele, mas recusa-se, veementemente, a dizer algo de bom sobre o sr. Pongerville, do qual diz: «Hoje, ele não entraria».[58] Ele possui o que se denomina sentimento da própria dignidade, e manifesta-o de forma solene, que é, às vezes, um pouco cômica. Compreende-se que, tendo sido estupidamente acusado de haver recebido um suborno de cem francos, ele escreva no *Journal des Débats* uma carta «cujo tom é inequívoco, como só podem escrever as pessoas de bem». Compreende-se que foi acusado pelo sr. de Pontmartin[59] ou que, acreditando-se indiretamente visado por um discurso do sr. Villemain, ele desabafe: «...». Mas é cômico que, depois de ter avisado os Goncourt que falaria mal de *Madame*

---

58 Pongerville, tradutor, para versos, de Lucrécio, entrara para a Academia em 1830. A citação feita por Proust é relatada em *Nouveaux Lundis*, t. XII, p. 442.

59 Pontmarin denunciara Sainte-Beuve como sendo um «crítico imoral, um mestre de imoralidade». «Eu não esperava», escreve Sainte-Beuve, «tal procedimento vindo desse homem galante.» (*Causeries du Lundi*, t. XV, p. 349).

*Gervaisais*, e tendo sabido por terceiros que eles haviam dito à princesa: «Sainte-Beuve vai, realmente, ...», ele tem um acesso de fúria diante da palavra acrimônia: «Não faço acrimônia».[60] É um dos Sainte-Beuve que respondeu a...»[61]

Seus livros,[62] *Chateaubriand et son groupe* mais que todos, parecem salões enfileirados aos quais o autor convidou vários interlocutores, que são interrogados acerca das pessoas que conheceram, que trazem seu testemunho destinado a contradizer outros tantos e, destarte, a mostrar que, sobre o homem que se tem o hábito de louvar, há também muito a dizer, ou destarte classificar, numa outra família de espíritos, aquele que contradisser.[63]

........................................................................

60 Os Goncourt haviam dito à princesa Mathilde, que os felicitava «por terem um artigo de Sainte-Beuve»: «Não há do que nos felicitar, o sr. Sainte-Beuve não nos deixou ignorar que seria uma *acrimônia*». [Em francês, «éreintement»]. Quando soube que usaram essa palavra, Sainte-Beuve ficou furioso: «Acrimônia! Faço crítica, não faço acrimônia». (*Journal des Goucourt*, ed. 1888, t. III, p. 292)

61 Frase inacabada (Ms, p. 28).

62 Esse trecho (Ms, p. 29) consta em folha à parte, de pequeno formato, semelhante a papel de carta.

63 Primeira versão (a que adotamos está na entrelinha): «... enfileirados... onde ele faz entrar, a todo momento, um novo interlocutor, que fala, contradiz os demais, para que um juízo mais verdadeiro resulte das contradições».

E não é entre duas visitas, é no seio de um mesmo visitante, que ocorre a contradição. Sainte-Beuve não se equivoca ao lembrar uma anedota, buscar uma carta, convocar a testemunho um homem de autoridade e sabedoria que se alimenta de filosofia, mas é bem merecedor de que se lhe bata o martelo, para mostrar que quem acaba de emitir tal opinião tem outra, totalmente diversa.

O sr. Molé, cartola à mão, lembra que Lamartine, ao saber que Royer-Collard se candidataria à Academia, escreveu-lhe espontaneamente para pedir-lhe que votasse nele, mas, chegado o dia da eleição, votou contra ele, e, noutra feita, tendo votado contra Ampère, pediu que Mme. de Lamartine [o] felicitasse na residência de Mme. Récamier.[64]

---

64 Essa segunda anedota (Ampère e Lamartine) encontra-se palavra por palavra em «Notes et pensées» de Sainte-Beuve, no final do tomo XI de *Causeries du Lundi*. Pode-se, assim, imaginar que aquela que a precede, e que se refere a Lamartine e a Royer-Collard, venha da mesma fonte. Porém, como não raro acontece com Proust, ao escrever apressadamente, trocou os nomes e os fatos. Inicialmente, escreveu «votar contra ele», o que é um contrassenso. Além disso, Lamartine não pode ter pedido a Royer-Collard que votasse a favor ou contra quem quer que fosse, pois Royer-Collard era, ele próprio, candidato; enfim, Lamartine só entrará na Academia em 1829, ou seja, dois anos depois de Royer-Collard. Na verdade, não se trata de Royer-Collard mas de Pasquier, e a cena acontece em 1842. Eis o que relata Sainte-Beuve:

Pergunto-me, às vezes, se o que ainda há de melhor na obra de Sainte-Beuve não seriam os seus versos. Todo jogo mental está ausente. As coisas não são mais abordadas de soslaio, mas com mil maneirismos e prestígios. O círculo infernal e mágico foi rompido. Como se a mentira constante do pensamento residisse, para ele, na habilidade factícia da expressão, ao cessar de falar em prosa, ele para de mentir. Como um estudante, obrigado a traduzir seu pensamento em latim, é obrigado a colocá-lo a nu, Sainte-Beuve encontra-se, pela primeira vez, na presença da realidade e dela recebe um sentimento direto. Há mais sentimento direto nos «Rayons jaunes» [Raios amarelos], nas «Larmes de Racine» [Lágrimas de Racine], em todos os seus

---

«[Lamartine] fica sabendo, um dia, que o sr. Pasquier pensa em se candidatar e pede que sondem seus amigos; Lamartine escreve *por iniciativa própria* uma carta na qual diz dever se queixar de ter sido esquecido entre aqueles com quem se pode contar [...] Em suma, ele oferece seu voto. O sr. Pasquier responde-lhe em carta ressentida, ao ponto de levar a tal procedimento. No dia da eleição, o vizinho de Lamartine o vê escrever no seu boletim de voto o nome de Aimé Martin. «Mas eu pensei que o senhor votaria no sr. Pasquier! – Ora, responde Lamartine, acho que meu voto seria inútil, ele já tem muitos sem o meu». Seria preciso, portanto, corrigir o texto de Proust: «quando ele soube que [Pasquier] se candidataria à Academia, escreveu-lhe espontaneamente para perdir-lhe [que o contassem entre os que votariam nele], mas...»

versos, do que em toda a sua prosa. Só que, se a mentira o abandona, também todas as suas vantagens. Como um homem habituado ao álcool e que se coloca no regime do leite, com seu vigor factício, toda a força. «Esse ser, como ele é desajeitado e feio.»[65] Nada há de mais tocante do que essa pobreza de recursos no grande e prestigioso crítico, afeito a todas as elegâncias, eloquências, finezas, farsas, enternecimentos, atitudes, carícias de estilo. Nada mais. De sua imensa cultura, de seus grandes exercícios de letrado, resta-lhe apenas o rejeito de toda firula, de toda banalidade, de toda expressão pouco controlada, e as imagens são rebuscadas e severamente escolhidas: algo que lembra o estudado e o sublime dos versos de um André Chénier, de um Anatole France. Mas tudo isso é buscado, e não é seu. Ele busca fazer o que admirou em Teócrito, em Cooper, em Racine. Dele, dele inconsciente, profundo, pessoal, não há senão o canhestro. Este aparece amiúde, com naturalidade. Mas essa coisa pouca, essa coisa pouca encantadora e sincera, aliás, que é sua poesia, esse esforço erudito e por vezes feliz ao exprimir a pureza do amor, a tristeza dos fins de tarde nas grandes cidades, a magia da lembrança, a emoção das leituras, a melancolia das velhices incrédulas, mostra − porque sentimos que é a única

---

65 Lembrança de Baudelaire («O albatroz»): *Como ele é desajeitado e frouxo!/ Antes belo, agora cômico e mocho!*

coisa real nele – a ausência de significação de toda uma obra crítica maravilhosa, imensa, fervilhante – pois todas essas maravilhas se reduzem a isso. Aparência, os *Lundis*. Realidade, esses poucos versos. Os versos de um crítico são o peso na balança da eternidade de toda a sua obra.

# [Gérard de Nerval] [1]

E sse juízo[2] parece, hoje, surpreendente, pois concorda-se em proclamar *Sílvia*

................................................................

1   Encontram-se nos Cadernos dois trechos sobre G. de Nerval, um no Caderno V (p. 6-18), outro no Caderno VI (p. 33-36). Parecem ter sido inspirados, o do Caderno VI, pelo discurso pronunciado por Barrès no dia de sua recepção na Academia, e pela resposta de Merchior de Vogüé (17 de janeiro de 1907); e o do Caderno V, pela citação de *Sílvia* feita por Jules Lemaître no final de seu *Racine*; esse *Racine* apareceu nas livrarias em meados de 1908; ele reproduz o texto de dez conferências que Lemaître fizera durante o inverno de 1907-1908. Citamos, primeiramente, o trecho do Caderno V (até «em sua novela...»), em seguinda, o do Caderno VI ( de «Se quando o sr. Barrès...» a «... manhã de Chatilly»).

2   É possível, mas não seguro, que o «juízo» ao qual pensava Proust e que ele não cita, seja de Sainte-Beuve. Nesse caso, só se pode hesitar entre «Gérar de Nerval, que... era como o caixeiro viajante literário de Paris a Munique (*Nouveaux Lundis*, t. IV, p. 454) e «o amável e gentil Gérard de Nerval». Esses dois juízos impactaram Proust, que recopiou ambos (Ms encadernado, p. 23). Nessa mesma página, Proust anotou (numa intenção de pastiche?) muitas outras fórmulas tomadas de empréstimo a Sainte--Beuve. Eis algumas (vindas todas de *Nouveaux*

como uma obra-prima. Contudo, direi que *Sílvia* é hoje admirada, a meu ver, tão a contrassenso, que chego a preferir para ela o esquecimento em que a deixou Sainte-Beuve, e do qual ela ao menos poderia sair intacta em seu milagroso frescor. É verdade que, mesmo desse esquecimento que mais a denigre, a desfigura sob cores que [ela][3] não possui, uma obra-prima logo se revela, quando uma interpretação verdadeira lhe devolve a beleza. A escultura grega talvez tenha sido mais desconsiderada pela interpretação da Academia, ou a tragédia de Racine pelos neoclássicos, do que poderiam ter sido por um esquecimento total. Seria melhor não ler Racine do que nele ver algo de Campistron. Mas hoje, limpado desse lugar-comum, mostra-se-nos original e novo, como se fora desconhecido. O mesmo ocorre com a escultura grega. E é um Rodin, quer dizer, um anticlássico, que o mostra.

Convencionaram, nos dias de hoje, que Gérard de Nerval foi um escritor do século XVIII tardio, e que o Romantismo não o

---

*Lundis*; após cada qual, indicamos o tomo e a página onde poderão ser encontradas: «France, France» (V, 148); «É preciso beber até o mosto?» (V, 373); «O sr. Cousin acrescentou ao ofício nova dimensão» (V, 375); «orelha que se tem vontade de puxar... Mas o dia estava bonito; o tempo sorriu; vá a Ems» (V, 375); «Não há porque soar todos os sinos de Paris» (X, 420; Cf. *Pastiches et Mélanges*).

3    Ms: «ele»

influenciou, puro gaulês, tradicional e local, que fez em *Sílvia* uma pintura ingênua e refinada da vida francesa idealizada. Eis o que fizeram desse homem, que aos vinte anos de idade traduzia *Fausto*, ia ver Goethe em Weimar, provia o Romantismo com toda a sua inspiração estrangeira, era, desde a juventude, sujeito a acessos de loucura, era finalmente confinado, sentia saudades do Oriente e resolvia conhecê-lo; foi encontrado pendurado na poterna de um pátio imundo sem que, pela estranheza de suas frequentações e do comportamento resultante da excentricidade de sua natureza [e] do desregramento de seu cérebro,[4] tenham podido decidir se ele se matara num acesso de loucura ou se fora assassinado por algum de seus companheiros habituais, parecendo as duas hipóteses igualmente plausíveis! Louco, não com uma loucura de certa forma puramente orgânica e não influindo em nada sobre a natureza de seu pensamento, como sabemos acontencer com loucos que, a não ser nas crises, têm, antes, muito bom senso, uma mente quase que demasiadamente razoável, demasiadamente positiva, atormentada apenas por uma melancolia inteiramente física. Em Gérard de Nerval, a loucura nascente e ainda

----

4   Primeira versão: «onde o conduzira o desregramento». Proust acrescentou na entrelinha «a excentricidade de sua natureza», esquecendo de unir o segundo sujeito ao primeiro por uma conjunção e de colocar o verbo no plural.

não declarada não é mais que uma espécie de subjetivismo excessivo, de relevância maior, por assim dizer, ligada a um sonho, a uma lembrança, à qualidade pessoal da sensação, do que o que essa sensação significa de comum a todos, de perceptível a todos, a realidade. E, quando essa disposição que é, no fundo, a disposição artística, a disposição que conduz, segundo a expressão de Flaubert, a só considerar a realidade «para o emprego de uma ilustração a descrever»[5] e a ter ilusões quanto a se encontrar valor em descrever uma espécie de realidade, termina por se tornar loucura, essa loucura é a tal ponto o desenvolvimento de sua originalidade literária no que ela tem de essencial, que ele a descreve na medida em que a sente, ao menos enquanto ela permanece descritível, como um artista notaria, ao adormecer, os estados de consciência que conduzem da vigília ao sono, até o momento em que o sono torna o desdobramento impossível. E também foi nesse período de sua vida que ele escreveu esses admiráveis poemas onde estão, talvez, os mais belos versos da língua francesa, mas tão obscuros quanto Mallarmé, obscuros, disse Théophile Gautier, a ponto de fazerem parecer claro Lycophron: «Eu sou o tenebroso...»[6] etc.

---

5   Cf. nota 24 do capítulo anterior..

6   É o princípio de «El Desdichado» (*O deserdado*), o primeiro soneto de *Quimeras*.

Ora, não há solução de continuidade entre o Gérard poeta e o autor de *Sílvia*. Pode-se até mesmo dizer – e é evidentemente uma das críticas que podemos lhe fazer, uma das coisas que mostram, nele, apesar de tudo, o autor, se não de segunda classe, ao menos sem gênio verdadeiramente determinado, criando sua forma de arte ao mesmo tempo que seu pensamento – que seus versos e suas novelas são (como os *Pequenos poemas em prosa* de Baudelaire e *As flores do mal*, por exemplo) apenas diferentes tentativas de exprimir a mesma coisa. Para tais gênios, a visão interior é bem certa, bem forte. Mas, doença da vontade ou falta de instinto determinado, predominância da inteligência, que indica antes as diferentes vias por que passa, tenta-se em versos, em seguida, para não perder a primeira ideia, escreve-se em prosa etc.

Veem-se versos que exprimem quase a mesma coisa. Assim como em Baudelaire, temos um verso:

*O céu puro onde vibra o eterno calor* [7]

e no pequeno poema em prosa correspondente: «*um céu puro onde abandona o eterno calor*»,[8] assim também há de se ter reconhecido nesse verso que eu citava há pouco:

---

7    «A cabeleira», v. 20.

8    Proust escreveu abreviando *un ciel pur où se prélasse l'éternelle chaleur*: «*un ciel p. où se prél. L'étern.ch.*» (*Um hemisfério numa cabeleira*).

*E a videira em que o pâmpano à rosa se alia* [9]

a janela de *Sílvia* «*onde o pâmpano se enlaça às roseiras*».[10] Aliás, é, em seguida, em cada casa de *Sílvia* que vemos as rosas unindo-se às vinhas. O sr. Jules Lemaître, que, aliás, não se encontra entre os admiradores (explicarei isso em breve) de Gérard, dos quais eu falava há pouco, citou em seu *Racine* esse início de *Sílvia*:[11] «... o coração da França». Tradicional, bem francês? Creio que não. É necessário recolocar a frase onde ela está, em seu contexto. É numa espécie de sonho:

............................................................................................

9   «O deserdado», v. 8 (Proust, ao citar de cor, escreve inadvertidamente «e o pâmpano onde a videira...».

10  Ed. H. Lemaître, I, p. 597: «Revejo sua janela onde o pâmpano se enlaça à roseira».

11  Eis como, ao final de seu *Racine*, Lemaître insere essa citação de *Sílvia*: «A história se passa na terra natal de Racine, o Valois. Ela recende, a cada página, a velha França e não a antiguidade grega ou bíblica. E contudo parece-me que se poderia dizer das sábias tragédias de Racine o que se diz de Gérard de Nerval, a propósito das canções da terra em que Jean Racine nasceu: «Donzelas dançavam em círculo sobre a relva, cantando velhas árias transmitidas por suas mães, e num francês tão naturalmente puro, que se sentia verdadeiramente estar nessa velha região do Valois, em que, durante mais de mil anos, bateu o coração da França». Esse trecho de Nerval não se encontra no «início de *Sílvia*», mas no segundo parágrafo do capítulo II, «Adrienne».

«Eu tentava adormecer... as combinações bizarras...»[12] etc. Há de se ter reconhecido imediatamente esse poema de Gérard:

*Há uma ária pela qual eu daria...*[13]

Portanto, temos aqui um desses quadros de cor irreal, que não vemos na realidade, que as próprias palavras não evocam, mas que, por vezes, vemos nos sonhos, ou que a música evoca. Às vezes, no instante de dormir, as percebemos, queremos fixar e definir o seu encanto, então, acordamos e não mais as vemos, deixamos-nos embalar e, antes que tenhamos podido fixá-las, adormecemos, como se a inteligência não tivesse permissão de vê-las. Os próprios seres que estão em tais quadros são seres sonhados.

*... uma mulher*
*Que noutra existência talvez*
*Vi* [14] *e da qual me recordo*

---

12 Início do capítulo II de *Sílvia*: «Retornei ao leito e não pude encontrar repouso. Mergulhado numa semissonolência, toda a minha juventude repassava em minhas lembranças. Esse estado, em que a mente ainda resiste às bizarras combinações do sonho...».

13 É o primeiro verso do poema «Fantasia», que consta nos *Pequenos castelos na Boêmia*.

14 É o fim de «Fantasia»: «*Em seguida uma dama, em sua alta janela,/ Loura de olhos negros, em suas vestes antigas/ Que numa outra existência, talvez/ Já vi... e da qual me recordo!*»

Que haveria de menos raciniano que isso? Que o próprio objeto do desejo e do sonho seja precisamente esse encanto francês em que Racine viveu e que exprimiu (?) sem, aliás, o sentir, é muito possível, mas é como se pensássemos que fossem absolutamente semelhantes[15] um copo d'água fresca e um [homem] febril, porque ele o deseja, ou a inocência de uma jovem e a lubricidade de um velhaco, porque a primeira é o sonho do segundo. O sr. Lemaître, e digo isso sem que em nada se altere minha profunda admiração por ele, sem que diminua em nada o seu livro maravilhoso, incomparável, sobre Racine, foi o inventor, nesses tempos em que há tão poucos, de uma crítica bem sua, que é toda uma criação e em que, nos trechos mais característicos e que permanecerão, porque são totalmente pessoais, gosta de extrair de uma obra uma quantidade de coisas que, então, chovem em profusão, e como que recolhe em vasilhas.

Mas, na realidade, não há absolutamente nada disso em *Fedra*, nem em *Bajazet*. Caso, por alguma razão, se coloque o termo «Turquia» num livro, caso, aliás, não tenhamos qualquer ideia a seu respeito, nenhuma impressão, nenhum desejo, não se pode dizer que a Turquia esteja nesse livro. Racine solar, irradiação[16] do sol etc. Só se pode contar, em

---

15    Ms: «semelhante».

16    Palavra de leitura duvidosa. Proust parece fazer alusão ao final da oitava conferência de Jules

arte, o que é expressado ou sentido. Dizer que a Turquia não está ausente de uma obra, equivale a dizer que a ideia da Turquia, a sensação da Turquia etc.

Sei bem que existe do amor por certos lugares outras formas, além do amor literário, formas menos conscientes, talvez igualmente profundas. Sei que existem homens que não são artistas, pequenos [ou][17] grandes burgueses, chefes de repartições, médicos que, em vez de um belo apartamento em Paris ou de um carro, ou de ir ao teatro, empregam parte de sua renda na obtenção de uma casinha na Bretanha, onde passeiam à noite, inconscientes do prazer artístico que sentem, e que, quando muito, exprimem dizendo, de tempos em tempos: «Que dia bonito», ou «que dia agradável», ou «é agradável passear de noite».[18] Porém, nada indica que isso existisse em Racine, e, de toda forma, não teria tido o caráter nostálgico, a cor de sonho de *Sílvia*. Hoje, toda uma escola, que, a bem da verdade, foi útil, em reação à logomaquia abstrata reinante, impôs à arte novas regras, que ela acredita renovadas das antigas, e segundo as quais, como se começa a convir,

---

Lemaître: Fedra, neta do Sol, Arícia, bisneta da Terra, «parecem-nos, em certos momentos, como os vagos personagens siderais de um velho mito...»

17 Palavra ilegível.

18 Curiosa retomada de um tema de *Jean Santeuil*: os Sauvalgue.

para não tornar mais pesada a frase, não se a fará expressar simplesmente nada, e para tornar o contorno do livro mais claro, dele se banirá a expressão de toda impressão difícil de se exprimir, todo pensamento etc., e para se conservar na língua seu caráter tradicional, se usarão constantemente frases que existem, frases feitas, sem mesmo se dar ao trabalho de as repensar, não há maior mérito em que a fluidez[19] seja bastantemente rápida, a sintaxe, bastantemente comedida, e o andamento, bastantemente desengajado. Não é difícil fazer o trajeto a galope quando se começa, antes de partir, por deitar ao rio todos os tesouros que se tinha a carregar. Só que a rapidez da viagem é assaz indiferente,[20] pois, à chegada, nada se traz.

Se tal arte pôde reinvindicar o passado, em todo caso, ela pode, menos que a qualquer outro, reivindicar Gérard de Nerval.[21]

---

19 [*Tour*] ou «tom»?

20 Primeira versão: «Só que a rapidez da viagem e a facilidade da chegada são indiferentes». Proust cortou «a facilidade da chegada», mas não a conjunção, e não colocou o verbo no singular.

21 Primeira versão cortada: «Se tal arte pôde reivindicar o passado, é a Gérard de Nerval...». Proust escreveu antes «É por equívoco que se crê», mas esqueceu de escrever a conjunção «que» e cortou «se»; a frase continua assim: «uma tal arte pôde reivindicar o passado, ela pode fazê-lo, em todo caso, menos que a qualquer outro, reivindicar...» Outras correções

Foram induzidos a esse engano por gostarem de limitar-se, em seus artigos, poemas ou romances, a descrever a beleza francesa «moderada, com claras arquiteturas, sob um sol amável, com colinas e igrejas como as de Dammartin e de Ermenonville». Nada está mais distante de *Sílvia*!

Se houve um escritor na antípoda das[22] claras e fáceis aquarelas, que buscou definir a si mesmo laboriosamente, captar, esclarecer nuances turvas, leis profundas, impressões quase impalpáveis da alma humana, este foi Gérard de Nerval, em *Sílvia*. Essa história que os senhores chamam de pintura ingênua é o sonho de um sonho, não se esqueçam. Gérard tenta definir uma sensação bizarra que sentiu no teatro, subitamente, ele compreende o que é, é a lembrança de uma mulher que amava ao mesmo tempo em que amava outra, a qual, assim, domina certas horas de sua vida e que todas as noites o toma a determinada hora. E, ao evocar esse tempo num quadro de sonho, ele é tomado pelo desejo de partir para esse lugar, vai até a casa, abrem-lhe a porta, pega um carro, e, no caminho sacolejante para Loisy, lembra-se e narra. Ele chega após essa noite de insônia e o que vê, então, por assim dizer, destacado da realidade por essa noite de insônia, por esse

---

muito confusas acabam por deixar o texto ininteligível. Nós suprimimos o pronome «lo» antes de «pode», e tentamos dar-lhe sentido.

22   O Ms possui, aqui, uma palavra ilegível.

desvio por um local que é, antes, para ele, um passado que existe, ao menos tanto no seu coração quanto no mapa, e tão estreitamente entrelaçado às lembranças, que ele continua a evocar, que se é obrigado, a cada instante, a virar as páginas que precedem para ver[23] onde se está, se se trata do presente ou da invocação do passado.

Os próprios seres são como a mulher dos versos que citamos antes, «que, numa outra existência, conheci e da qual me recordo». Essa Adrienne que ele acredita ser a atriz, o que faz com que ele se apaixone pela atriz, e que não é ela, esses castelos, essas pessoas nobres que ele parece ver vivendo mais no passado, essa festa que acontece no dia de São Bartolomeu e que não se sabe ao certo se aconteceu ou se não teria sido um sonho, «o filho do sentinela estava sorumbático»[24] etc.: tenho minhas razões para dizer que, nisso tudo, até mesmo os seres não passam de sombras de um sonho. A divina manhã sobre as veredas, a visita à casa da avó de Sílvia, isso é real... Mas lembre-se: nessa noite, ele ainda não dormiu, só um instante a céu aberto, e com um sono estranho em que ainda percebia as coisas, pois acorda com os sons do angelus ao ouvido, mas que ele não ouviu.

Tais manhãs até podem ser reais; mas há nelas essa exaltação pela qual a mais ínfima

---

23 Ms: «para ver a todo momento onde».

24 *Sílvia,* VII: «O irmão de Sílvia estava um pouco sorumbático essa noite».

beleza nos embevece e nos dá, embora a beleza habitualmente não o possa fazer, quase que um prazer de sonho. A cor exata de cada coisa nos emociona como uma harmonia, temos vontade de chorar ao ver que as rosas são cor-de-rosa ou, se for inverno, ao ver, sobre os troncos das árvores, belas cores verdes quase brilhantes, e se um pouco de luz vier tocar essas cores, como, por exemplo, ao pôr do sol, quando o lilás branco faz cantar sua brancura, sentimo-nos inundados de beleza. Nas casas em que o ar fresco da natureza ainda nos exalta, nas casas camponesas ou nos castelos, essa exaltação é tão vivaz quanto era durante o passeio, e um objeto antigo que nos invoca um tema de sonho aumenta essa exaltação. Quantos castelões positivos devo ter espantado, então, pela emoção de meu reconhecimento ou de minha admiração, simplesmente ao[25] mostrarem-me uma escada coberta com um tapete de diversas cores, ou ao ver, durante o almoço, o pálido sol de março fazendo brilhar coloridos[26] vidros transparentes satinados[27] com o verde dos troncos do parque, e vir esquentar seu pálido raio sobre o tapete perto da lareira, enquanto o cocheiro vinha receber as ordens

........................................................

25 Ms: «minha admiração simplesmente em».

26 Palavra de leitura duvidosa; em todo caso, Proust escreveu «transparentes» e «verdes» no masculino.

27 Pode-se hesitar entre «patinados» e «satinados»; trecho pouco legível.

para o passeio que iríamos fazer![28] Assim são essas manhãs abençoadas, talhadas (pela insônia, o abalo nervoso de uma viagem, uma embriaguez física, uma circunstância excepcional), na pura pedra de nossos dias, mantendo milagrosamente suas cores deliciosas, exaltadas, o encanto do sonho que as isola em nossa lembrança, como uma gruta maravilhosa, mágica e multicolorida, em sua atmosfera especial.

A cor de *Sílvia* é uma cor púrpura, de uma rosa púrpura de veludo púrpuro ou violáceo, e não de tons aquarelados de vossa França moderada. A todo instante, essa evocação de vermelho retorna, tiros, lenços vermelhos etc. E o próprio nome purpúreo dos dois *is*: Sílvia, a verdadeira Filha do Fogo. Eu, que poderia enumerar essas misteriosas leis do pensamento, que amiúde desejei exprimir e que considero expressas em *Sílvia* – poderia contar, creio, até cinco ou seis – tenho o direito de dizer que, por maior que seja a distância que uma execução perfeita – e que é tudo – coloca[29] entre uma simples veleidade do espírito e uma obra-prima, coloca[30] entre os escritores ditos, por pilhéria, pensadores e Gérard, são estes, contudo, que podem

........................................................................

28   Em seguida, lê-se no Ms esta frase cortada: «Foi essa emoção que Gérard sentiu na casa da avó de Sílvia» (na verdade, sua tia-avó).

29   Ms: «coloque».

30   Ver nota anterior.

reivindicá-lo, [mais do que[31]] aqueles para quem a perfeição da execução não é difícil, já que não executam coisa alguma. Certamente, o quadro apresentado por Gérard é deliciosamente simples. E é a fortuna única de seu gênio. Suas sensações tão subjetivas, se dissermos apenas aquilo que as provoca, não expressamos precisamente o que [lhes] confere valor aos nossos olhos. E se, ao analisarmos nossa impressão, tentamos expressar o que ela possui de subjetivo, fazemos desaparecer a imagem e o quadro. De maneira que, por desespero, alimentamos ainda mais nossos devaneios com o que ainda nomeia nosso sonho sem o explicar, com o guia dos horários do trem, as narrativas dos viajantes, os nomes dos comerciantes e das ruas de um vilarejo, as anotações do sr. Bazin, em que cada espécie de árvore é nomeada, mais do que um Pierre Loti demasiadamente subjetivo. Mas Gérard encontrou o modo de tão somente pintar e dar ao seu quadro as cores de seu sonho. Talvez, ainda haja um pouco de inteligência em demasia em sua novela...[32]

Se, quando o sr. Barrès[33] nos fala dos cantões de Chantilly, de Compiègne e de

......................................................................

31 Ms: «são eles, antes, que podem... dele, do que aqueles».

32 O fragmento do Caderno V parece incabado; o trecho que citamos a seguir é do Caderno VI.

33 Barrès, enquanto acadêmico, sucedeu a Heredia. Este, cubano de nascimento, chegou na França aos nove anos de idade para estudar

Ermenonville, quando nos fala de «abordar nas ilhas do Valois» ou em ir aos «bosques de Chaalis ou de Pontarmé», experimentamos essa aflição deliciosa, é porque lemos esses nomes em *Sílvia*, porque são feitos, não com lembranças de lugares reais, mas com esse prazer de frescor, mas à base de inquietude, que sentia esse «adorável louco», e que fazia, para ele, dessas manhãs nos bosques, ou antes, de sua lembrança «meio sonhada», um encantamento pleno de aflição. Île-de--France, região de regramento, de graça comedida etc. Ah! Como isso tudo vai longe, como há nisso algo de inexprimível, algo para além do frescor, além da manhã, além do bom tempo, além, inclusive, da evocação do passado, esse algo mais que fazia com que Gérard saltasse, dançasse, e cantasse, mas não com uma alegria sã, e que nos comunica essa infinita aflição, quando pensamos que esses lugares existem e que podemos ir passear nas terras de *Sílvia*! Então, para sugeri-lo, que faz Barrès? Ele nos diz esses nomes, nos conta sobre coisas que têm um ar tradicional e cujo sentimento, o fato de neles se comprazer, é bem dos dias de hoje, bem pouco ajuizado, bem pouco «graça comedida», bem pouco

---

em Senlis. Bela oportunidade para Barrès falar de Valois, dos «cantões de Chantilly, de Compiègue e de Ermenonville». É evidente que Proust escreve tudo isso com o discurso de Barrès diante dos olhos: as expressões colocadas entre aspas são extraídas diretamente dele.

Île-de-France, segundo os senhores Hallays e Boulenger,[34] como a «divina doçura das velas vacilantes em pleno dia em nossos enterros» e «os sinos na bruma de outubro».[35] E a melhor prova é que algumas páginas mais adiante, pode-se ler a mesma evocação, [mas dessa vez][36] pelo sr. de Vogüé, o qual se cantona na região da Touraine, nas paisagens «compostas segundo nosso gosto», na «Loire loura».[37] Como isso tudo está a mil léguas de Gérard! É fato que nos lembramos da embriaguez dessas primeiras manhãs de inverno, do desejo

........................................................

34 André Hallays (1859-1930), ensaísta de estilo acadêmico. Quanto a Boulenger, pode-se hesitar entre Marcel Boulenger (1873-1932), escritor muito apegado às tradições mundanas e que morava em Chantilly, e seu irmão Jacques (1870-1944), que publicaria, mas somente em 1914, uma obra intitulada *Au pays de Nerval* [Na terra de Nerval].

35 Proust segue de perto o discurso de Barrès: «Quando... os sinos soam através da bruma de outubro...». «Esse jovem Heredia não ouviu, de pai para filho, os sinos franceses..., não se submeteu às velas vacilantes em pleno dia de nossos enterros».

36 Depois de «evocação» o Ms possui três palavras ilegíveis. As que colocamos entre colchetes são arbitrárias, mas respeitam, a nosso ver, o pensamento de Proust.

37 Para provar que Heredia, independentemente do que diga Barrès, teve «o sentido das graças puramente francesas», Vogüé cita o soneto *La Belle Viole*. As expressões colocadas entre aspas são tomadas de empréstimo ao discurso de Vogüé.

de viagem, do encanto das distâncias ensolaradas. Mas nosso prazer é feito de aflição.
A graça comedida da paisagem é a matéria[38]
desse prazer, mas ele vai além. Esse além é
indefinível. Ele será, um dia, para Gérard,
loucura. Por enquanto, ele não tem nada de
comedido, de bem francês. O gênio de Gérard impregnou esses nomes, esses lugares.
Acho que todo homem que possui uma sensibilidade aguda pode deixar-se sugestionar
por esse devaneio que nos deixa uma espécie de ponta, «pois não há ponta mais afiada
do que a do Infinito». Mas não devolvemos
a aflição que nos provoca nossa amada falando de amor, e sim dizendo essas pequeni-
nas coisas que o podem evocar, o tecido[39] do
vestido, seu nome. Assim, tudo isso de nada
vale, são as palavras Chaalis, Pontarmé, ilhas
de Île-de-France, que exaltam à embriaguez
o pensamento de que podemos, numa bela
manhã de inverno, partir, ir ver os lugares,
esses lugares de sonho, onde Gérard passeou.

Eis por que todos os elogios que podemos
fazer sobre esses lugares [célebres][40] nos deixam indiferentes. E gostaríamos tanto de ter
escrito essas páginas de *Sílvia*! Mas não podemos, a um só tempo, ter o céu e ser ricos,
diz Baudelaire.[41] Não podemos ter feito com

---

38  Palavra de leitura incerta. A letra de Proust, em
    quase todo esse trecho, está quase indecifrável.

39  Leitura muito incerta.

40  Conjetura quanto à palavra.

41  «O imprevisto», v. 32.

inteligência e gosto uma paisagem, mesmo como Victor Hugo, mesmo como Heredia em *La Viole*,[42] e ter impregnado um lugar com essa atmosfera de sonho que Gérard deixou no Valois, pois foi, sim, de seu sonho que ele a tirou. Podemos pensar sem desassossego no admirável *Villequier* de Hugo, no admirável *Loire*[43] de Heredia. Estremecemos ao ler, num guia de horários da ferrovia, o nome de Pontarmé. Há, nele, algo de indefinível, que se comunica, que gostaríamos, por interesse, ter em estado bruto,[44] mas que é um elemento original, que entra na composição desses gênios e que não existe na composição dos demais, e que é algo a mais, como há no fato de estar apaixonado algo a mais do que na admiração estética e de gosto. É isso que existe em certas iluminações de sonho, como a que existe diante do castelo de Luis XIII, e por mais inteligente que se seja, como Lemaître, quando o citamos como modelo de graça comedida, erramos. É um modelo de obsessão malsã. Agora, lembrar o que sua loucura tinha de inofensiva, de serena, de quase tradicional e antiga, ao chamá-lo de

---

42 No soneto «La Belle Viole» (ver próxima nota).

43 Ainda se trata do soneto «La Belle Viole» [*A bela Viole*], que começa assim: «Debruçada na janela de onde se vê a vereda/ que vai das bordas do Loire até as marges da Itália».

44 Ms: «que se queria em estado bruto por interesse, ter sem o sentir, mas que».

«adorável louco», é, da parte de Barrès, uma encantadora falta de gosto.[45]

Mas Gérard ia rever o Valois para compor *Sílvia*? Sim, claro. A paixão crê ser real o seu objeto, o amante de sonho de um lugar quer vê-lo. Sem isso, não seria sincero. Gérard é ingênuo e viaja. Marcel Prévost pensa: fiquemos em casa, é um sonho. Mas, no final das contas, apenas o inexprimível, aquilo que não acreditávamos conseguir fazer entrar num livro, nele permanece. É algo de vago e obsedante, como a lembrança. É uma atmosfera. Atmosfera azulada e purpúrea de *Sílvia*. Esse inexprimível, quando não o sentimos, orgulhamos-nos de que nossa obra valerá o mesmo que a dos que o sentiram, pois, afinal, as palavras são as mesmas. Só que não está nas palavras, não está expresso, está tudo misturado entre[46] as palavras, como a bruma de uma manhã de Chantilly.

---

45 Ou «uma marca de gosto encantador». Toda essa página está pouco legível.

46 Texto quase ilegível.

# Sainte-Beuve e Baudelaire [1]

U m poeta que tu amas apenas parcialmente e a respeito do qual se convencionou[2] que Sainte-Beuve, muito ligado a ele, fez prova da maior clarividência, da mais pressagiada admiração, é Baudelaire. Bem, mesmo emocionado com a admiração, a deferência, a gentileza de Baudelaire, que ora lhe enviava versos ora pão de especiarias,[3] e escrevia-lhe sobre *Joseph Delorme*, sobre *Les Consolations*, sobre seus *Lundis* as

---

1   Esse título é de autoria de Proust. Damos o texto contínuo que consta sob esse título no Caderno VII, dos fólios 56 a 71. É ainda aqui uma dessas passagens de *Contra Sainte-Beuve* em que Proust finge estar conversando com a mãe.

2   Ms: «parcialmente e *pelo* se convencionou» e, acima, na entrelinha, «com relação a quem» sem outra correção.

3   Baudelaire a Sainte-Beuve (carta de 1 de julho de 1860): «Há poucos dias, e por pura necessidade de vê-lo, como Anteu precisava da Terra, fui à rua Montparnasse. No caminho, passei diante de uma padaria, e tomou-me a ideia fixa de que o senhor deveria gostar de pão de especiarias [...] Espero que não tenha tomado esse pedaço de pão de especiarias incrustado de angélica por uma chacota de mau gosto, e o tenha comido com simplicidade».

cartas mais exaltadas, enviava-lhe afetuosas cartas, Sainte-Beuve nunca respondeu às reiteradas súplicas de Baudelaire de fazer sequer um único artigo sobre ele. O maior poeta do século XIX, e que, ainda por cima, era seu amigo, não consta dos *Lundis* onde tantos condes Daru, Alton Shée e outros, possuem os seus artigos. Ou ele só consta de maneira acessória. Certa feita, no momento do processo de Baudelaire, Baudelaire implora uma carta de Sainte-Beuve que o defendesse: Sainte-Beuve acha que suas ligações com o regime imperial o impedem, e contenta-se em redigir anonimamente[4] um projeto de defesa que o advogado estava autorizado a usar, mas sem nomear. [*«Sainte-Beuve, feliz de poder vir em auxílio de seu amigo sem se comprometer», como diz ingenuamente o sr. Crépet, que acredita fazer um elogio à conduta de Sainte-Beuve.] E em que ele dizia que Béranger havia sido tão astuto quanto Baudelaire, acrescentando: «Longe de mim diminuir, por menos que fosse, a glória de um ilustre poeta (não Baudelaire, mas Béranger), de um poeta nacional que nos é caro, que o imperador julgou digno de um enterro público etc.»

Mas ele enviara a Baudelaire uma carta sobre *As flores do mal* que foi reproduzida em

---

4   «Sainte-Beuve feliz de poder vir em auxílio a seu amigo sem se comprometer», como diz ingenuamente o sr. Crépet, que acredita fazer um elogio à conduta de Sainte-Beuve.

*Causeries du Lundi*,[5] dando a entender, sem dúvida para diminuir o alcance do elogio, que essa carta fora escrita com a intenção de colaborar com a defesa.[6] Ele começa por agradecer a Baudelaire a dedicatória, não consegue escrever uma única palavra de elogio, diz que seus poemas, que já tinha lido, fazem, reunidos, «um efeito completamente diferente», que é, evidentemente, triste, aflitivo,[7] mas que Baudelaire o sabe bem. Isso se prolonga

---

5    Encontra-se essa carta de Sainte-Beuve, datada de 20 de julho de 1857, na terceira edição de *Causeries du Lundi*, t. XI, p. 527 ss. As citações de Proust são, em geral, muito exatas.

6    Aqui uma remissão de Proust indica que a continuação do texto se encontra no verso da página (Caderno VII fólio 56, v°); esse complemento continua no verso do fólio 57, até «Copiar o final». Mas, depois de «em defesa», Proust havia escrito o seguinte, cujas duas primeiras linhas, apenas, foram cortadas: «Há encantadoras apreciações de certos poemas das *Flores do mal*, especialmente sobre um que o crítico lamenta não ver «escrito em latim», o que não deve ser muito elogioso, ou no qual, no seu gosto por metáforas continuadas, Sainte-Beuve termina dizendo a Baudelaire, depois das *Flores do mal*, depois do mais belo volume de versos existente na poesia francesa, como a um comerciante que ainda não tivesse «dado o seu primeiro mergulho e deixado as margens conhecidas...» O trecho está inacabado.

7    «Você não recuou, ao reunir suas *Flores*, diante de nenhum tipo de imagem e de cor, por mais assustadora, por mais aflitiva que fosse, como sabe melhor que eu.»

dessa forma por toda uma página, sem que um único adjetivo desse a entender que Sainte-Beuve considerava o livro bom. Ele só diz que Baudelaire gosta muito de Sainte-Beuve[8] e que Sainte-Beuve conhece as qualidades do coração de Baudelaire. Enfim, lá pelo meio da segunda página, ele consegue emitir, enfim, uma apreciação (e é numa carta de agradecimento a alguém que o tratou com carinho e muita deferência!): «Ao fazer isso com sutileza (primeira apreciação, mas que pode ser interpretada como boa ou ruim), com refinamento, com um talento curioso (é o primeiro elogio, se é que se trata de elogio, aliás, não se pode reclamar, será praticamente o único) e um abandono quase *precioso* de expressão, *perolando* [o detalhe] (sublinhado por Sainte-Beuve) ou *petrarquizando* sobre o horrível...», e, paternalmente: «Você deve ter sofrido muito, meu caro jovem». Seguem algumas críticas, depois grandes cumprimentos sobre apenas dois poemas: o soneto *Tristezas da lua* «que tem ar de ser de um inglês contemporâneo da juventude de Shakespeare» e *Àquela que é alegre demais*,[9] do qual ele diz: «Por que esse poema não é em latim, ou antes, em grego?».[10] Já ia esquecendo que,

---

8   «O senhor me acostumou, há tempos, aos seus bons e fiéis sentimentos a meu respeito.»

9   Ms: «ajuizado demais».

10  Sainte-Beuve retoma o seu «elogio» desses dois poemas de *Causeries du Lundi*, t. XV, p. 351.

um pouco antes, ele lhe falara de sua «fineza de execução». E, como gosta das metáforas continuadas,[11] termina assim: «Porém, mais uma vez, não se trata disso, nem de cumprimentos, tenho mais vontade de ralhar». (Não se trata de cumprimentos a alguém de quem se gosta e que acaba de lhe enviar *As flores do mal*, quando se passou a vida fazendo-os a tantos escritores sem talento!) Copiar o fim.[12]

Mas não é só isso: assim que soube que cogitavam publicar essa carta, Sainte-Beuve a pediu de volta, provavelmente para ver se não havia exagerado nos elogios (mera suposição de minha parte). De toda forma, ao incluí-la em *Causeries du Lundi*, acreditou dever precedê-la − direi francamente ainda mais, enfraquecê-la − por um pequeno preâmbulo onde diz que essa carta favorável fora escrita «dentro da ideia de ajudar na defesa». E eis como, nesse preâmbulo, ele fala de *As Flores do mal*, embora, dessa vez, já não mais se dirigindo ao poeta «seu amigo», não precise[13] mais ralhar com ele, e já poderiam

---

11 A «metáfora continuada» encontra-se ao final da carta (ver próxima nota).

12 Ei-la: «... ralhar; e se eu passeasse consigo à beira do mar, ao longo de uma falésia, sem pretender bancar o Mentor, eu tentaria dar-lhe uma pernada, meu caro amigo, e jogá-lo bruscamente n'água, para que você, que sabe nadar, seguisse, então, sob o sol e em plena correnteza».

13 Ms: «não tem».

caber cumprimentos: «O poeta Baudelaire... levou anos para extrair de todo tema e de toda flor (quer dizer, escrever *As flores do mal*) de sumo venenoso, e até, a bem da verdade, *assaz agradavelmente* venenoso. Aliás, era (sempre a mesma coisa!) um homem de espírito (!) assaz amável, por vezes (com efeito, ele lhe escrevia: «Preciso vê-lo como Anteu precisa tocar a Terra»)[14] e muito capaz de afeição (é, com efeito, tudo o que tem a dizer sobre o autor de *As flores do mal*. Sainte-Beuve também já nos disse que Stendhal era modesto e Flaubert, bom moço). Depois de publicar essa coletânea intitulada *As flores do mal* («Sei que a senhora faz versos, nunca se sentiu tentada a publicar uma pequena coletânea?» dizia um homem do mundo a Mme. de Noailles), não só teve de lidar com a crítica, como a Justiça interveio, como se houvesse, verdadeiramente, perigo nessas *malícias envoltas e subentendidas em rimas elegantes*...» Então, as linhas[15] tendo (ao menos, é a minha impressão) de desculpar, em razão do serviço prestado ao acusado, os elogios da carta. Notemos, de passagem, que as «malícias envoltas» não combinam muito com o «Você deve ter sofrido muito, meu caro jovem». Com Sainte-Beuve, quantas vezes somos tentados a exclamar: que velho idiota ou que velho canalha!

---

14  Cf. nota 3 do presente capítulo.

15  Compreenda-se: Seguem as linhas...

Uma[16] outra vez (e talvez porque Sainte-Beuve foi atacado publicamente pelos amigos de Baudelaire, por não ter tido coragem de testemunhar a seu favor, como d'Aubervilly etc., no tribunal de segunda instância), a propósito das eleições na Academia, Sainte-Beuve fez um artigo[17] sobre as diversas candidaturas. Baudelaire era candidato. Sainte-Beuve, que, aliás, gostava de dar aulas de literatura a seus colegas da Academia, assim como gostava de dar aulas de liberalismo aos seus colegas do Senado, porque, mesmo sendo do mesmo meio, ele lhes era superior, em muito, e tinha veleidades, acessos, pruridos de *Art Nouveau*, de anticlericalismo e de revolução, disse, usando palavras encantadoras e breves sobre *As flores do mal*, «esse pequeno pavilhão[18] que o poeta

---

16  Caderno VII, fólio 58.

17  *Nouveaux Lundis*, t. I, p. 400 ss: «Des prochaines élections de l'Académie» (20 de janeiro de 1862).

18  Eis um trecho do artigo de Sainte-Beuve: «A esse singular quiosque, feito de marqueteria, de uma originalidade concertada e compósita que, há algum tempo, atrai a atenção dos olhares na ponta extrema do Kamtchatka romântico, eu chamo de *Loucura Baudelaire*». [A palavra «pavilhão», no texto acima, designa uma casa em meio a um grande terreno ou parque. Em seguida, o que se traduz aqui por «loucura» é, no original, *folie* – que tanto significa «loucura» (acepção mais corrente) quanto «casa de campo ou construção destinada ao lazer (quiosque, gazebo etc.), burguesa ou aristocrática, isolada e, por extensão,

construiu na extremidade do Kamtchatka literário, denomino «Loucura Baudelaire» (sempre «palavras», palavras que os homens de espírito podem citar, debochando: ele chama isso de «Loucura Baudelaire». Só que os conversadores que o citavam num jantar podiam fazê-lo quando se falava sobre Chateaubriand ou sobre Royer-Collard. Eles não sabiam quem era Baudelaire). E ele termina com essas palavras inauditas: «O certo é que o sr. Baudelaire *merece ser visto*, que quando esperávamos ver entrar um homem estranho, excêntrico, encontramo-nos diante de um *candidato polido, respeitoso, exemplar*, de um jovem cordato, de linguajar fino e *totalmente clássico na forma*».[19] Não acredito que, ao escrever as palavras *jovem cordato, merece ser conhecido, clássico nas formas*, Sainte-Beuve não tenha cedido a essa espécie de histeria de linguagem que, por vezes, o fazia encontrar um prazer irresistível ao falar como um burguês que não sabe escrever, e dizer de *Madame Bovary*: «O início é finamente retocado». Mas é sempre o mesmo procedimento: fazer alguns elogios «de amigo» a Flaubert, aos Goncourt, a Baudelaire, e dizer que, aliás, são homens, no trato pessoal, dos mais delicados, os amigos mais fiéis. No artigo retrospectivo sobre Stendhal, é, ainda, a mesma coisa («mais seguro em seu procedimento»).

---

excêntrica. A polivalência construção/ loucura se perde na tradução. (N. T.)]

19 Citação textual (*Nouveaux Lundis*, t. I, p. 401 ss)

E, depois de ter aconselhado Baudelaire a retirar sua candidatura, como Baudelaire o ouviu e escreveu sua carta de desistência,[20] Sainte-Beuve o felicita e consola da seguinte forma: «Quando se leu (na sessão da Academia) sua última frase, de agradecimento, concebida em termos *tão modestos e tão polidos*, dissemos *em voz alta*: *Muito bem. Assim, o senhor deixou de si uma boa impressão. Já não basta?* Não bastava ter dado a impressão de homem modesto, de «jovem cordato» aos senhores de Sacy e Viennet? Não bastava que Sainte-Beuve, grande amigo de Baudelaire, desse conselhos ao seu advogado, contanto que seu nome não fosse citado, ter recusado qualquer artigo sobre *As flores do mal*, até sobre as traduções de Poe, mas, enfim, ter dito que a «Loucura Baudelaire» era um encantador pavilhão etc.?

Sainte-Beuve achava que tudo isso já era muito. E, ainda mais assustador (e que vem, portanto, reforçar o que eu te dizia), por mais fantástico que possa parecer, Baudelaire era da mesma opinião! Quando seus amigos mostram-se indignados com a covardia de Sainte-Beuve na ocasião de seu processo e

---

20 Ele a endereça a Villemain, secretário perpétuo da Academia, a 10 de fevereiro de 1862; pede-lhe que agradeça, em seu nome, «aos senhores» que teve o prazer de ver, «pela maneira tão graciosa e cordial» com que o acolheram. No dia 15, Sainte-Beuve escreve a Baudelaire o bilhete em que se encontra o trecho («Depois de lermos...») que Proust cita com muita exatidão.

deixam claro o seu descontentamento através da imprensa, Baudelaire se desespera, escreve carta após carta a Sainte-Beuve para convencê-lo de que ele não tem nada a ver com esses[21] ataques, ele escreve a Malassis e a Asselineau: «Vejam bem como esse caso pode me ser desagradável...[22] Babou sabe bem que sou muito ligado ao Tio Beuve, que dou muita importância à sua amizade, e que dou-me ao trabalho de ocultar minha opinião quando é contrária à sua etc.[23] Babou parece querer defender-me contra alguém que me prestou uma pletora de favores».[24] (?) Ele escreve a Sainte-Beuve que, ao contrário de haver inspirado esse artigo, ele havia convencido o autor de «que o senhor (Sainte-Beuve) sempre fazia tudo o que devia e podia fazer. Há pouco tempo, eu falava a Malassis sobre essa grande amizade que tanto me honra etc.».[25]

Supondo que Baudelaire não fosse sincero nesse momento, e que foi por política

---

21 Ms: «seus».

22 Trecho da carta que Baudelaire escreveu a Poulet-Malassis a 28 de fevereiro de 1859.

23 Trecho (a partir de «Babou sabe...») da carta que Baudelaire escreveu a Asselineau a 24 de fevereiro de 1859.

24 Trecho (a partir de «Babou parece...») da carta a Poulet-Malassis citada acima (nota nº 159).

25 Trecho da carta que Baudelaire escreveu a Sainte-Beuve a 21 de fevereiro de 1859. Todas as citações são praticamente exatas.

que fez questão de poupar Sainte-Beuve e deixá-lo acreditar que achava que ele agira bem, dá no mesmo, isso prova a importância que Baudelaire conferia a um artigo de Sainte-Beuve (que ele, aliás, não consegue obter), na falta de artigos, às poucas frases de elogio que acabará por lhe conceder. E tu viste que frases. Por mais parcas que nos pareçam, elas encantam Baudelaire. Depois do artigo «merece ser conhecido, é um jovem cordato, Loucura Baudelaire etc.», ele escreve a Sainte-Beuve:[26] «Mais um favor que lhe devo! Quando isso terá fim? E como agradecer-lhe?... Algumas palavras, caro amigo, para pintar-lhe o gênero particular de prazer que o senhor me proporcionou... Quanto ao que chama de meu Kamtchatka, se eu recebesse mais amiúde *encorajamentos tão vigorosos* quanto esse, creio que teria forças para fazer dele uma imensa Sibéria etc. Quando vejo sua atividade, sua vitalidade, sinto vergonha (de sua impotência literária!)... Será que preciso, apaixonado incorrigível de *Rayons jaunes* e de *Volupté*, do Sainte-Beuve poeta e romancista, que eu cumprimente o jornalista? Como fez para chegar a essa certeza de forma[27] etc.», e para terminar: «Poulet-Malassis anseia por fazer uma brochura com o seu admirável

---

26 Todas as citações que se seguem (até «seu admirável artigo») são extraídas da carta que Baudelaire escreveu a Sainte-Beuve a 25 de fevereiro de 1862 (ed. Crépet, t. IV, p. 45 ss).

27 Baudelaire escreveu «essa certeza da pluma».

artigo.» Ele não limita o seu reconhecimento a uma carta, faz um artigo não assinado na *Revue anecdotique* sobre o artigo de Sainte-Beuve: «Todo o artigo é uma obra-prima de bom humor, alegria, sabedoria, bom senso e ironia. Todos aqueles que têm a honra de conhecer intimamente o autor de *Joseph Delorme* etc.»[28] Sainte-Beuve agradece ao diretor dizendo, no final, sempre com esse gosto por fazer descarrilhar o sentido das palavras: «Saúdo e *respeito* o benevolente anônimo». Mas Baudelaire, sem certeza de que Sainte-Beuve o reconhecera, escreve-lhe para dizer-lhe que o artigo era seu.

Tudo isso corrobora o que eu te dizia, que o homem que vive num mesmo corpo com todo grande gênio tem pouca relação com ele, que é ele que seus íntimos conhecem, e que, assim, é absurdo julgar, como Sainte-Beuve, o poeta pelo homem ou pelo dizer de seus amigos. Quanto ao próprio homem, é apenas um grande homem, e pode perfeitamente ignorar o que quer[29] o poeta que vive nele.

---

28 Citação tomada de empréstimo ao artigo que Baudelaire publica (segunda quinzena de janeiro de 1862) sob o título «Une réforme à l'Académie», na *Revue anecdotique* (*Oeuvres Complètes*, Pléiade, p. 1139).

29 Nessas páginas do Caderno VII, muito apressadamente copiadas, a letra está muito pouco legível. R. de Chantal (*Proust critique littéraire*, t. I, p. 99, nº 213) propõe que se leia «*vaut*/ vale» em vez de «*veut*/ quer». Mas acreditamos que

Baudelaire se enganaria a esse ponto acerca de si mesmo? Talvez não, teoricamente. Mas, se sua modéstia, sua deferência, eram astúcia, ele não se enganava menos consigo mesmo, pois ele, que escrevera *O balcão*, *A viagem*, *Os sete velhos*, se percebia numa esfera em que uma cadeira na Academia, um artigo de Sainte-Beuve eram muito para ele. E pode-se dizer que são os melhores, os mais inteligentes que são assim, rapidamente rebaixados da esfera onde escrevem *As flores do mal*, *O vermelho e o negro*, *Educação sentimental* – e da qual podemos nos dar conta, nós que só conhecemos os livros, ou seja, os gênios, e que a falsa imagem do homem não consegue perturbar, pois estão a uma altura tão acima daquela em que foram escritos *Lundis*, *Carmem* e *Indiana* –, para aceitar com deferência, por interesse, por elegância de caráter ou por amizade, a falsa superioridade de um Sainte-Beuve, de um Mérimée, de uma George Sand. Esse dualismo tão natural tem algo de muito perturbador. Ver Baudelaire desencarnado, respeitoso para com Sainte--Beuve, e outros intrigando pela cruz, Vigny, que acaba de escrever *Les Destinées* [Os destinos], mendigando um anúncio no jornal (não

---

«*veut*» é mais satisfatório quanto ao sentido. O eu exterior e social do poeta é estranho ao seu eu criador e ignora seus desejos profundos. A passagem, como consta na edição de 1954, depois de «vive nele», é tomada ao Caderno XIV; não podemos nos apoiar nele para escolher entre as duas lições.

me lembro exatamente mas creio não me enganar) [*Acrescentar a Baudelaire, quando falo do poeta que deseja ser da Academia etc (suprema ironia, *Bergson* e as visitas acadêmicas).[30] E talvez seja melhor assim. É o nosso raciocínio que, identificando na obra do poeta a sua grandeza, diz: é um Rei, e ele o vê Rei, e gostaria que ele se comportasse como Rei. Mas o poeta não deve se ver assim, para que a realidade que retrata lhe permaneça objetiva e que ele não pense em si. Por isso, ele se vê como um pobre homem que ficaria muito lisonjeado de ser convidado à casa de um duque e de receber votos na Academia. E se essa humildade é a condição de sua sinceridade e de sua obra, que ela seja abençoada!]

Como o céu da teologia católica, que se compõe de vários céus superpostos, nossa pessoa, [na][31] aparência que lhe dá nosso

---

30 Essa nota de Proust pode ser lida no Caderno XIV, p. 2. Trata-se da candidatura de Bergson à Academia de Ciências Morais e Políticas. Em 1908, Proust evoca em seu «almanaque» nº 1 os procedimentos de «Bergon buscando apresentar-se às Ciências Morais». Ele fora eleito a 14 de dezembro de 1901 e só entrou na Academia Francesa no dia 12 de janeiro de 19014. Ver em *À sombra das raparigas em flor* (À *l'ombre des jeunes filles*, Pléiade, t. I, p. 557) as artimanhas às quais se rebaixa Bergotte para se tornar acadêmico.

31 Ms: «cuja aparência».

corpo, com sua cabeça que circunscreve a uma pequena bola o nosso pensamento, nossa pessoa moral se compõe de várias pessoas superpostas. Isso é, talvez, ainda mais sensível para os poetas que possuem um céu a mais, um céu intermediário entre o céu de seu gênio e o de sua inteligência, de sua bondade, de sua fineza cotidianas, a sua prosa. Quando Musset escreve seus *Contos*, sentimos ainda, num não-sei-quê, às vezes, o tremor, a sedosidade, a prontidão para alçar voo de asas que não se erguerão. É o que já disse, muito melhor:

*Mesmo quando o pássaro caminha, sentimos que tem asas.*[32]

Um poeta que escreve em prosa (exceto, naturalmente, quando nela faz poesia, como Baudelaire em seus *Pequenos poemas* e Musset, em seu teatro), Musset, ao escrever seus *Contos*, seus ensaios de crítica, seus discursos de Academia, é alguém que deixou de lado o seu gênio, que deixou de extrair dele formas que sorve num mundo sobrenatural e que lhe é exclusivamente pessoal, e do qual, contudo, se lembra, nos faz lembrar. Às vezes, num trecho, pensamos em versos célebres, invisíveis, ausentes, mas cuja forma vaga, indecisa, parece transparecer por detrás das palavras que, entretanto, um mundo inteiro poderia

---

32  Sabemos que este verso célebre é de um poeta obscuro, Lemierre (1727-1793).

conter e lhes dar uma espécie de graça, de majestade, de tocante alusão. O poeta já se foi, mas atrás das nuvens, ainda percebemos o seu reflexo. No homem, no homem da vida, dos jantares, da ambição, nada mais resta, e é este a quem Sainte-Beuve quer perguntar a essência do outro, do qual ele nada guardou.

Compreendo que tu só gostes de Baudelaire em parte. Encontraste em suas cartas, como nas de Stendhal, coisas cruéis sobre sua família. E cruel, ele o é na sua poesia, cruel com uma sensibilidade infinita, tanto mais espantosa em sua dureza quanto os sofrimentos de que zomba, que apresenta com essa impassibilidade, sentimos que ele as sentiu até o fundo dos nervos. É certo que num poema sublime como «As velhinhas», não há nenhum de seus sofrimentos que lhe escape. Não são somente suas imensas dores:

*Esses olhos são poços feitos de um milhão de lágrimas...*[33]
*Todas poderiam ter feito um rio de seu pranto,*

Ele está em seus corpos, estremece com seus nervos, ele se arrepia com suas fraquezas

---

33 Ms, p. 84, verso (diante da p. 85), onde ele copia esses versos de «As velhinhas» (versos 33, 48, 9 ss, 14), Proust escreveu: «Sua poesia sobre *Os cegos* começa assim: 'Olha-os, alma minha, eles são realmente horrendos'». Acima de «Olha», ele deu a si mesmo esse conselho: «Verificar». De fato, o início do soneto é, como se sabe: «Contempla-os».

*... flagelados pelas brisas iníquas,*
*Estremecendo ao estrondo movente dos ônibus...*
*Arrastam-se, como os animais feridos*

Mas a beleza descritiva e característica do quadro não o faz recuar diante de nenhum detalhe cruel:

*E[34] dançam, sem querer dançar, pobres sinetas...*
*Aquela, ainda ereta, altiva e cheirando a mênstruo...*

*Já notaram que muitos caixões de velhas*
*São quase tão pequenos quanto o do infante?*
*A Morte sábia coloca em tais esquifes*
*Símbolo de gosto bizarro e cativante...*

*A menos que meditando sobre a geometria*
*Eu procure, no aspecto desses membros discordes*
*Quantas vezés é preciso que o operário varie*
*A forma da caixa onde se colocam tantos corpos.*

E, sobretudo:

*Mas eu, eu que de longe ternamente vos vigio,*
*Com olhos inquietos, fixos nos vossos passos incertos,*
*Como se eu fosse vosso pai, ó maravilha!*
*Saboreio sem que sabeis prazeres clandestinos.*

---

34 «As velhinhas» (v. 15): «Onde dançam». Os versos que se seguem são do mesmo poema (v. 57, 21-24, 29-32, 73-76).

E é isso que faz com que gostar de Baudelaire, como diria Sainte-Beuve −[35] de quem proíbo-me de tomar essa fórmula, como já muitas vezes fui tentado, de retirar desse projeto de artigo todo jogo espirituoso, mas isso não é um pastiche, é uma observação minha, em que os nomes me vêm à lembrança ou aos lábios, e que agora se me impõe −, amar Baudelaire, quero mesmo dizer amá-lo à loucura, nesses poemas tão patéticos e humanos, não seja forçosamente sinal de grande sensibilidade. Ele deu, dessas visões que, no fundo, doeram-lhe, estou certo, um quadro tão potente, mas de onde toda expressão de sensibilidade está tão ausente, que espíritos puramente irônicos e amorosos de cores, corações verdadeiramente duros, podem com eles se deleitar. O verso sobre «As velhinhas»:[36]

*Escombros de humanidade para sempre maduros!*

É um verso sublime e quantos grandes espíritos, grandes corações gostam de citar. Mas quantas vezes eu o ouvi citado, e plenamente saboreado, por uma mulher de extrema inteligência, mas a mais desumana, a mais desprovida de bondade e de moralidade que já conheci, e que se divertia, misturando-o a espirituais e atrozes ultrajes, a lançá[-lo] como a um presságio de morte

---

35  Lembrança do célebre dístico: «Gostar de Molière...» (*Nouveaux Lundis*, t. V, p. 277 ss).

36  V. 72.

próxima, à passagem de senhoras idosas que ela detestava. Sentir todas as dores mas ser suficientemente mestre de si mesmo para não se desagradar ao vê-las, poder suportar a dor que uma maldade provoca artificialmente (até mesmo nos esquecemos, ao citar como é cruel, o verso delicioso:

*O violino estremece como um coração que se aflige,*[37]

Ah, esse estremecimento de um coração que se magoa – há pouco, era apenas o estremecimento dos nervos das velhas senhoras, ao estrondo movente dos ônibus): talvez essa subordinação da sensibilidade à verdade, à expressão, seja, no fundo, marca do gênio, da força, da arte superior à piedade individual. Mas há algo ainda mais estranho no caso de Baudelaire. Nas mais sublimes expressões que verteu de certos sentimentos, parece que fez uma pintura exterior de sua forma, sem simpatizar com eles.[38] Um dos mais admiráveis versos sobre a caridade, um daqueles[39] versos imensos e extensivos de Baudelaire, é este:

*Para que faças a Jesus, quando ele passar,*
*Um tapete triunfal com tua caridade.*[40]

---

37 *Harmonia da noite*, v. 9.

38 Ms: «com ele».

39 Ms: «de seus».

40 *O rebelde*, v. 7 ss.

Mas será que existe alguma coisa menos caridosa (voluntariamente, mas não importa) do que o sentimento em que isso é dito:

*Um Anjo furioso lança-se do céu como uma águia,*
*Do incréu agarra com punhos cerrados os cabelos,*
*E diz, agitando-o: «Conhecerás a regra!*
*(Pois sou o teu Anjo bom, ouviste?) E ordeno!*

*Saiba que é preciso amar, sem cara feia,*
*O pobre, o mau, o torto, o parvo,*
*Para que possas fazer a Jesus, quando ele passar,*
*Um tapete triunfal com tua caridade...»*[41]

Sem dúvida, ele compreende tudo o que há em todas essas virtudes, mas parece banir sua essência desses versos. E há deveras nesses versos de «As velhinhas» toda a devotação:[42]

*Todas me ebriam! Mas entre esses seres frágeis*
*Há quem, fazendo da dor um mel*
*Tenha dito à Devotação que lhes emprestasse*
asas:
*«Poderoso Hipogrifo, leva-me ao céu!»*

Parece que ele eterniza, pela força extraordinária, inaudita do verbo (cem vezes mais forte, apesar de tudo o que dizem, do que o de Hugo), um sentimento que se esforça por não sentir no momento em que o exprime. Ele encontra, para todas as dores,

---

41 *Ibid.*, v. 1-8

42 V. 41-44.

todas as doçuras, formas inauditas, arrebatadas ao seu próprio mundo espiritual, e que não se encontrarão jamais em qualquer outro, formas de um planeta que apenas ele habita, e que não se parece com nada que conhecemos. Para cada categoria de pessoas, ele coloca, quente[43] e suave, plena de licor e de sabor, uma dessas grandes formas, dessas sacolas que poderia conter uma garrafa ou um presunto, mas, se ele profere com lábios ardentes como o trovão, parece que se esforça por dizê-lo tão somente com os lábios, mesmo que sintamos que ele tudo sentiu, tudo entendeu, que ele é a mais fremente sensibilidade, a mais profunda inteligência.

*Uma, por sua pátria à miséria avezada*
*Outra, que o esposo agravou de dores,*
*Outra, por seu filho Madona trespassada*
*Todas poderiam ter feito um rio de seu pranto![44]*

Avezada é admirável, agravou[45] é admirável, trespassada é admirável. Cada qual coloca sobre a ideia uma dessas belas formas sombrias, esplendorosas, nutridoras.[46]

........................................................................

43  Ms: «quentes... suaves... plenas».*

44  «As velhinhas», v. 45-48.

45  Proust escreveu «*surchargé/* agravada» em vez de «*surchargea/* agravou».

46  A frase «Cada qual... nutritivas» é acrescentada na entrelinha. Depois de «dentro desses corações», Proust repetiu o verso «Uma, por sua pátria à miséria largada».

Mas parece ele «compadecer», estar dentro desses corações?

Dessas belas formas de arte, inventadas por ele, de que eu te falava e que colocam suas grandes formas calorosas e coloridas sobre os fatos que enumera, certo número, com efeito, são formas de arte que fazem alusão à pátria dos antigos:

> *Uma, por sua pátria à miséria avezada*
> *Uns, alegres de fugir de uma pátria infame...*[47]
> *É a bolsa do pobre e sua pátria antiga.*[48]

Como as belas formas sobre a família («*Outras, o horror de seus berços*»)[49] que logo entram na categoria das formas bíblicas e de todas essas imagens que constituem o poder veemente de um poema como «Bênção», em que tudo é aumentado por essa dignidade da arte:

> *No pão e no vinho destinados à sua boca*
> *Eles misturam cinza a impuros escarros;*
> *Com hipocrisia recusam o que ele toca,*
> *E se acusam de pôr os pés sobre seus passos.*
>
> *Sua mulher vai gritando pelas praças...*
> *Farei o ofício dos ídolos antigos etc.*
> *Ah! Antes abater todo um ninho de serpentes,*

---

47   *A viagem*, v. 9.

48   *A morte dos pobres*, v. 13.

49   *A viagem*, v. 10.

*Que nutrir essa* irrisão!⁵⁰

Ao lado de versos racinianos tão frequentes em Baudelaire:

*Todos aqueles que ele quer amar observam-*
*-no com temor,*⁵¹

Os grandes versos flamejantes «como ostensórios»,⁵² que são a glória de seus poemas:

*Ela própria prepara no fundo da Geena*
*As fogueira consagradas aos crimes maternos.*⁵³

E todos os outros elementos do gênio de Baudelaire, que eu tanto gostaria de te enumerar, se tivesse tempo. Mas, nesse poema, já são as belas imagens da teologia católica que prevalecem:

*Tronos, Virtudes, Dominações.*

*Sei que a dor é a nobreza única*
*Em que não morderão jamais a terra e os infernos,*
*E que se tem de trançar minha coroa mística*
*Impor todos os tempos e todos os universos.*⁵⁴

---

50  «Bênção», v. 33-37, 39, 5-6.

51  «Bênção», v. 29.

52  Cf. *Harmonia da noite*, v. 5.

53  «Bênção», v. 19 ss. Em vez de «consagrados», Proust escreveu «preparados».

54  *Ibid*, v. 64-68. Proust escreveu: «Os Tronos, as Virtudes, as Dominações».

(imagem não irônica da dor, como o eram as da devoção e da caridade que já citei, mas ainda bem impassível, mais bela em sua forma, de alusão a obras de arte da Idade Média católica, mais pictural que comovida.)

Não estou falando dos versos sobre a Madona, pois é precisamente neles que residem todas essas formas católicas. Antes, porém, essas maravilhosas imagens:

*Arrasto serpentes que me mordem as sandálias.*[55]

Essa palavra «sandália», que ele tanto gosta de [retomar] às Escrituras:[56] «Como és bela com teus pés sem sandálias, ó filha de príncipe».[57] «O infiel deixa as sandálias aos pés da igreja», «E essas serpentes sob [teus][58] pés como sob os pés de Jesus», *inculcabis aspidem*: «caminharás sobre a víbora». Mas, pouco a pouco, negligenciando as que são por demais conhecidas (e que são, talvez, as mais essenciais), parece-me que eu poderia começar, forma após forma, a evocar-te esse mundo do pensamento de Baudelaire, essas terras de seu gênio, do qual cada poema não passa de

---

55  *A voz*, v. 20.

56  Ms: «que ele gosta que tanto das Escrituras».

57  Está assim no texto do Ms. Ele contém uma incongruência («bela nos teus pés») e um contrassenso («sem sandálias»). O versículo VII, 2, do *Cântico dos cânticos* é «Como são belos os teus pés em tuas sandálias, filha de príncipe!»

58  Ms: «os pés».

fragmento[59] e que, quando o lemos, reúne-se aos demais fragmentos que conhecemos dele, como num salão, num contexto em que ainda não o havíamos visto, certa montanha antiga onde a noite avermelha e onde passa um poeta com rosto de mulher, seguido de duas ou três Musas, quer dizer, um quadro da vida antiga concebida de uma maneira natural, essas Musas sendo pessoas que existiram, que passeavam de noite, em grupos de duas ou três, com um poeta etc., tudo isso, num instante, em determinada hora, no efêmero que confere algo de real à lenda imortal, sentimos[60] um fragmento do mundo de Gustave Moreau. Para tal, seriam-te precisos todos esses

---

59 Na frente da página do Ms onde se encontra esse trecho, Proust escreveu vários versos ou fragmentos de versos de Baudelaire; ei-los, com as referências entre parênteses:

«Que Tivoli outrora sombreou em sua flor» («As velhinhas», v. 40); «E ainda é, Senhor, o melhor testemuho» («Os faróis», v. 41); O verso de Baudelaire é: «Pois é, de fato, Senhor.../ Ó meu Deus, dai-me força e coragem...» («Viagem a Citera», v. 60); «... com sua perna de estátua» («A uma passante», v. 5); «... Parecia que sua pupila estava embebida/ No fel; seu olhar afiava a geada/ E sua barba de longos pelos, reta como uma espada,/ Projetava-se, como a de Judas» («Os sete velhos», v. 17-20). Sob esse último verso, Proust escreveu: «Giotto de Pádua. Perguntar a Mâle».

60 «Como num salão... certa motanha... tudo isso... sentis»: construção muito frouxa; seguimos o Ms.

portos, não somente «um porto pleno de velas e mastros»,[61] e

*Onde os barcos, deslisando no ouro e na madressilva*
*Abrem seus vastos braços para abraçar a glória*
*De um céu puro onde vibra o eterno calor*

Mas aqueles que são apenas «pórticos»

*Que os sóis marinhos tingiam com mil fogos*[62]

«*o pórtico aberto sobre os Céus desconhecidos*».[63]

Os coqueiros da África, entrevistos pálidos qual fantasmas,

*Os coqueiros ausentes da soberba África*
*Por detrás da muralha imensa do nevoeiro...*[64]

*Dos coqueiros ausentes, fantasmas esparsos.*[65]

De noite, assim que o dia clareia, e quando o sol coloca[66]

........................................................

61   *Perfume exótico*, v.10. Seguem três versos (18-20) de «A cabeleira»; Proust escreveu: «barcos nadando».

62   «A vida anterior», v. 1 ss.

63   «A morte dos pobres», v. 14. Proust escreveu: «Céis».

64   «O cisne», v. 43ss.

65   «A uma malabarense», v. 28.

66   Primeira versão: «Essas noites, assim que clareiam e colocam». As correções incompletas

*... seus belos reflexos de cera*
*Sobre a colcha frugal e as cortinas de sarja*[67]

até a hora em que o dia é feito «*de rosa e de azul místico*»,[68] e com esses restos de músicas que[69] não lhe saem da mente e que permitiram-lhe criar a exaltação mais deliciosa desde, talvez, a *Sinfonia heroica* de Beethoven:

*Esses concertos ricos em cobre*
*Com os quais os soldados por vezes inundam nossos jardins*
*E que nessas noites de ouro em que nos sentimos reviver*
*Vertem algum heroísmo no coração dos citadinos.*[70]

*O som da trombeta é tão delicioso*
*Nessas noites [solenes] de celestes vindimas...*[71]

O vinho, não somente em todas as poesias divinas onde é cantado desde o momento em que amadurece

---

deixam a frase desconexa.

67    «Não esqueci», v. 28.

68    «A morte dos amantes», v. 9.

69    Primeira versão: «restos de músicas e que». Proust riscou «e que», acrescentou «lhe» e não cortou «nele».

70    «As velhinhas», v. 53-56.

71    «O imprevisto», v. 49ss. Proust esqueceu «solenes» e escreve um verso errado.

*... sobre a colina em chamas.*[72]

até o momento em que o «quente peito» do trabalhador lhe é uma «doce tumba», mas por onde quer que ele, e todo elixir, toda vegetal ambrosia (outra de suas pessoais e deliciosas preparações) entra[73] secretamente na fabricação da imagem, como quando ele diz da morte que ela

*... nos enleia e embriaga*
*e nos dá coragem para caminhar até a noite.*[74]

Os horizontes azuis em que são coladas velas brancas,

*Veleiro, tartana ou fragata,*
*Cujas formas ao longe singram o azul...*[75]

*O céu estava encantador, o mar estava parado...*[76]

---

72  «A alma do vinho», v. 5. Proust também toma de empréstimo duas citações do verso 11, do mesmo poema: «E seu quente peito é uma doce tumba».

73  Ms: «ele entra».

74  De «Os horizontes azuis» a «um quadro de Manet»: acréscimo posterior.

75  «Lesbos», v. 48ss.

76  «Viagem a Citera», v. 53.

E a negra, e o gato, como num quadro de Manet...[77]

No mais,[78] há alguma coisa que ele não tenha retratado? Passei pelos Trópicos, como um aspecto por demais conhecido de seu gênio, pelo menos demasiadamente conhecido por nós dois,[79] já que tive tanta dificuldade em habituar-te à «Cabeleira», mas ele não pintou o sol «em seu inferno polar», como «um bloco rubro e glacial»?[80] Se ele escreveu sobre o luar versos que são como que daquela pedra que, sob vidro, numa cinta de sílex, contém o cabuchão do qual se extrai a opala, e que é como um luar sobre o mar em meio ao qual, como um fio dalguma outra matéria, violeta ou dourada, filtra uma irisação semelhante ao raio de Baudelaire,[81] ele retratou a lua de maneira totalmente diferente, como uma «medalha nova»,[82] e, se omiti o outono, cujos versos tu, como eu, conheces de cor, já

---

77 Cf. o poema: «Vem, meu lindo gato» em que Jeanne Duval é identificada a um gato.

78 De «No mais» a «seu olor»: nota independente que se encontra no Caderno VI, p. 9, verso.

79 Proust está conversando com a mãe.

80 As duas expressões colocadas entre aspas vêm do «Canto de outono», v. 7 e 8.

81 Cf. «A tristesa da lua», v. 10 e 13: «Ela deixa escorrer uma lágrima furtiva/ De reflexos irisados como um fragmento de opala».

82 «Confissão», v. 5ss: «... como uma medalha nova/ A lua cheia se ostentava».

sobre a primavera, ele fez versos muito diferentes e divinos:

*A primavera vaporosa fugirá rumo ao horizonte*[83]

*A primavera adorável perdeu seu olor...*[84]

---

83  «O relógio», v. 5: «O prazer vaporoso fugirá rumo ao horizonte». Esse poema de Baudelaire não fala da primavera.

84  «O gosto do nada», v. 10.

## Fim de Baudelaire[1]

E no mais, se poderiam contar essas formas, quando ele nunca falou de nada (e ele falou do fundo de sua alma) que não tenha mostrado por meio de um símbolo, e sempre tão material, tão espantoso, tão pouco abstrato, com as palavras mais fortes, mais usuais, mais dignificadas?

*Bastão dos exilados, candeeiro dos inventores!...*
*Tu que lanças ao proscrito esse olhar calmo e alto*
*Que amaldiçoas todo um povo ao pé do cadafalso...*[2]

e sobre a morte:

*É o albergue famoso, inscrito no livro*
*Onde se poderá comer, e dormir, e repousar;...*
*E que REFAZ A CAMA dos pobres e desnudos;*
*É a glória dos deuses, é o celeiro místico...*

---

1     Aqui começa um segundo trecho que se estende, no Caderno VI, da página 10 à 15. O título «Fim de Baudelaire» foi escrito por Proust.

2     «As litanias de Satã», v. 40, 16, 17. Proust escreveu: «à beira do cadafalso».

*É o pórtico aberto sobre os Céus desconhecidos!*[3]

sobre o cachimbo:

*Fumego como a choupana...*[4]

E todas as suas mulheres, e suas primaveras com seu aroma, e suas manhãs com poeira de ruas sujas, e suas cidades esburacadas qual formigueiros, e suas «Vozes» que prometem mundos, as que falam nas bibliotecas e as que falam na proa de um navio, as que dizem que «a Terra é um bolo cheio e doçura»[5] e as que dizem:

*É aqui que se vindimam*
*As frutas milagrosas que teu coração almeja*

Lembra-te que todas as cores verdadeiras, modernas, poéticas, foi ele quem as encontrou, não muito rebuscadas, mas deliciosas, sobretudo as róseas, com um pouco de azul, dourado ou verde:

*És um belo céu de outono, claro e rosa...*[6]

*As tardes na varanda, veladas por vapores rosa*[7]

....................................................................

3    «A morte dos pobres», v. 7ss, 11, 12 e 14.

4    «O cachimbo», v. 6. Proust escreveu «Fumegas».

5    «A voz», v. 6. O verso e meio que segue é da «Viagem», v. 128ss.

6    «Conversa», v. 1.

7    «O balcão», v. 7.

«semeados de azul» (procurar), a «fumaça» (procurar) e todas as noites em que há rosa.

E, nesse universo, um outro, ainda mais interno, contido nos perfumes, mas isso seria um sem-fim; e se tomássemos uma poesia qualquer sua (não digo seus grandes poemas sublimes de que gostas, como eu, «O balcão», «A viagem»), mas poesias secundárias, ficarias espantada de nelas ver, a cada três ou quatro versos, um que é célebre, não tipicamente baudelairiano, que não saberias de onde é, um verso matricial, que parece sê-lo, de tão geral e novo, de mil outros versos congêneres, mas que nunca se conseguiu fazer tão bem, e em todos os gêneros [*ao lado dos versos mais baudelairianos, talvez, e divinos: «Belos estojos sem joias, medalhões sem relíquias»],[8] versos como:

*E os grandes céus que fazem devanear a eternidade*[9]

que poderias acreditar serem de Hugo, [como]:[10]

---

8   «O amor da mentira», v. 19. Essa nota se encontra no verso da p. 10, face à p. 11.

9   «Paisagem», v. 8.

10  Depois de haver escrito «versos como», Proust , por quatro vezes, substituiu «como» por «que», que recolocamos.

*E teus olhos atraentes como os de um retrato*[11]

que poderias acreditar serem de Gautier, [como]:

*Ó tu que eu teria amado, ó tu que o sabias*[12]

que poderias acreditar serem de Sully Pruddhomme, [como]:

*Todos aqueles que ele quer amar observam-
-no com temor*[13]

que poderias acreditar serem de Racine, [como]:

*Ó encanto do nada loucamente paramentado*[14]

que poderias acreditar serem de Mal-larmé, como tantos outros que poderias acreditar serem de Sainte-Beuve, de Gérard de Nerval –, de Gérard de Nerval que tanto dele tem, que era mais terno, que, também ele, tem confusões de família (ó Stendhal, Baudelaire, Gérard!), com a qual é tão terno, que é neurótico, como ele, e que, como ele, fez os mais belos versos que seriam retomados em seguida, e como ele, preguiçoso, com

---

11 «O amor da mentira», v. 8.

12 «A uma passante», v. 14.

13 «Bênção», v. 29.

14 «Dança macabra», v. 16. Baudelaire escreveu, «Ó encanto de um nada...».

certezas quanto à execução dos detalhes, e incertezas quanto ao plano. É tão curioso que esses poemas de Baudelaire, com seus grandes versos, que seu gênio, arrebatado desde a virada do hemistício precedente, se prepara, com carga máxima, para preencher em toda a sua gigantesca carreira,[15] e que assim dão uma melhor ideia da riqueza, da eloquência, do ilimitado de um gênio:

*E cujos olhos teriam feito choverem esmolas* (virada)
*Sem a maldade que brilhava em seus olhos.*[16]

*... Esse pequenino rio,*
*Triste e pobre espelho onde um dia resplandeceu* (virada)
*A imensa majestade de suas cores de viúva...*[17]

e mais uma centena de outros exemplos

[**Algumas vezes,**[18] **sem que o verso seguinte seja sublime, há uma admirável**

---

15 «Carreira» ou pista de corrida. Aqui começa uma longa metáfora com corridas de bigas. Lembro que as traduções dos poemas são livres e não obedecem à busca poética de que trata a crítica de Proust nesse momento. [N. T.]

16 «Os sete velhos», v. 30. O texto de Baudelaire é «E cujo aspecto teria...» e «que luzia em seus olhos».

17 «O cisne», v. 1-3. Texto de Baudelaire: «Pobre e triste».

18 Essa nota se encontra na p. 11, face à p. 12.

desaceleração do hemistício, que vai lançar sua biga na carreira do verso seguinte, esse levantar de trapézio que vai cada vez mais alto, livremente, sem maiores objetivos, para melhor lançar: «*Ninguém distinguia/* (Para aumentar o impulso) *Vindo do mesmo inferno*, (virada) / *Esse gêmeo centenário...*»][19] e o final desses poemas, bruscamente encerrados, de asas cortadas, como se ele não tivesse forças para continuar, ele que fazia sua biga voar desde o penúltimo verso na imensa arena.

Fim de *Andrômaca*:[20]

*Aos cativos, aos vencidos, e ainda a muitos outros...*

Fim da *Viagem*:

*No fundo do Desconhecido para encontrar o novo...*

Fim dos *Sete Velhos*:

*E minh'alma dançava, dançava, velha gabarra*
*Sem mastro, num mar monstruoso e sem [borda].*

---

19 «Os sete velhos», v. 30ss. Texto de Baudelaire: «Nada». Para tornar sensível a «virada», nós restabelecemos o hemistício: «Esse gêmeo centenário» que não consta no Ms.

20 «O cisne» («Andrômaca, penso em ti...»). O verso citado é o último do poema.

É [verdade][21] que certas repetições de Baudelaire parecem ser por gosto e não podem ser entendidas como cavilhas.

Colocar na frente.[22] – Infelizmente, foi chegado o dia em que lhe aconteceu o que chamara de *Castigo do orgulho*:

*... Sua razão o abandonou.*
*O brilho desse sol de crepe negra se velou.*
*Todo o caos entrou nessa inteligência,*
*Antes templo vivo, pleno de ordem e opulência,*
*Sob cujos tetos tantas pompas imperaram.*
*O silêncio e a noite o tomaram,*
*Qual jazigo de chave perdida.*
*E então, assemelhou-se aos animais da rua,*
*E, andarilho dos campos, indo*
*Sem nada ver, sem verão de inverno distinguindo,*
*Sujo, inútil e feio feito coisa usada,*
*Era a alegria das crianças, e a risada.*[23]

Agora, ele sequer conseguia (ele que, até ainda alguns dias antes, detivera momentaneamente o verbo mais poderoso que eclodira em lábios humanos) pronunciar outras palavras além dessas: «*nom, crénom*»;[24] e, tendo-se visto num espelho que uma amiga

---

21  Conjetura (o Ms tem aqui uma palavra ilegível).

22  De «Infelizmente» a «cumprimentou a si mesmo», trecho independente (Caderno VI, p. 15).

23  «Castigo do orgulho», v. 15-26.

24  «*Crénom*» é abreviação de «*sacré nom de Dieu*», ou o «sagrado nome de Deus» – xingamento ao mesmo tempo familiar e ofensivo, como todos

(uma dessas amigas bárbaras que acreditam fazer-nos bem forçando-nos a «nos cuidar» e que não receiam colocar um espelho diante do rosto moribundo que se ignora e que, com os olhos já quase cerrados, imagina ainda ter um rosto de vida) lhe trouxera para que se penteasse, não se reconhecendo, cumprimentou a si mesmo!

Penso em todas essas coisas e, como ele diz, e em «ainda muitas outras», e não consigo pensar que, ainda assim, ele tenha sido um grande crítico, aquele que, tendo falado tão abundantemente de tantos imbecis, bem complacente, aliás, para com Baudelaire, tendo, incessantemente, a mente atraída para a sua produção, que, aliás, pretendia ser vizinha à sua (*Joseph Delorme* é as *Flores do mal avant la lettre*. Verificar) escreveu sobre ele apenas algumas linhas e, fora um gracejo («Kamtchatka literário» e «Loucura Baudelaire»), somente isso, que se pode aplicar igualmente a muitos puxadores de dança de quadrilha: «Bom rapaz, merece ser conhecido, educado, causa boa impressão».

Ainda assim, é um dos que, afinal, devido à sua maravilhosa inteligência, melhor o compreenderam. Ele, que lutou durante toda a vida contra a miséria e a calúnia, ao morrer, tanto fora representado à mãe como louco e perverso, que ela ficou estupefata e

---

os que evocam o nome de Deus («em vão»), em francês [N. T.]

encantada com uma carta de Sainte-Beuve, que lhe falava de seu filho como um homem inteligente e bom. O pobre Baudelaire tivera de lutar toda a vida contra o desprezo de todos. Mas

> ... *os vastos clarões de seu espírito lúcido*
> *Tiravam-lhe o aspecto dos povos furiosos.*[25]

Furioso até o fim. Quando estava paralisado, naquele leito de sofrimentos junto ao qual a negra que fora a sua única paixão vinha repetidamente pedir-lhe dinheiro,[26] as pobres palavras de impaciência contra o mal, mal pronunciadas por sua boca afásica, devem ter parecido impiedades e blasfêmias à superiora do convento onde vinha sendo tratado, e de onde teve que sair. Mas, como Gérard, ele brincava com o vento, conversava com a nuvem,

---

25 «Bênção», v. 55ss. Texto de Baudelaire. «Tiram-lhe».

26 Ao falar das cartas de Jeanne Duval a Baudelaire, Mme. Aupick escrevia: «Estou vendo uma, a última, datada de abril de 1866, quando meu pobre menino estava sobre seu leito de dor, paralizado [...] E nessa carta, como nas precedentes, ela o provocava, perseguia por causa do dinheiro que ele tinha que enviar-lhe imediatamente» (*Les Fleurs du mal*, ed. Crépet-Blin, p. 252, n. 3).

*Inebriava-se, cantando, com o caminho da cruz.*[27]

Como Gérard, que pedia que dissessem aos seus pais que ele era inteligente (verificar). Foi nessa época de sua vida que Baudelaire teve aqueles longos cabelos brancos que lhe davam um ar, dizia ele, «de um acadêmico (no estrangeiro!)». Ele tem, sobretudo, nessa última imagem, uma semelhança fantástica com Hugo, Vigny e Leconte de Lisle, como se todos os quatro não fossem senão ensaios diferentes de um mesmo rosto, do rosto desse grande poeta que, no fundo, é um só, desde o começo do mundo, cuja vida intermitente, mas tão longa quanto a da humanidade, teve, nesse século, suas horas atormentadas e cruéis, a que chamamos: vida de Baudelaire; suas horas laboriosas e serenas, a que chamamos: vida de Hugo; suas horas vagabundas e inocentes, a que chamamos: vida de Gérard; e talvez de Francis Jammes, seus desvarios e baixezas nos objetivos de ambição indiferentes à verdade, a que chamamos: vida de Chateaubriand e de Balzac; seus desvarios e enlevos[28] acima da verdade, a que chamamos: segunda parte da vida de Tosltói, e de Racine, de Pascal, de Ruskin, talvez de Maeterlinck, e cujos cantos, por vezes contradições, como é natural numa obra tão grande, apesar de tudo, no seio de «uma

---

27 «Bênção», v. 26. Texto de Baudelaire: «E inebria-se».

28 *«Surélévations»*. Palavra de leitura duvidosa.

tenebrosa e profunda unidade»,[29] ligam-se, compreenderiam-se mutuamente caso as partes se conhecessem umas às outras e, em nossos corações que os receberam e neles se reconhecem, «se respondem»!

---

29 «Correspondências», v. 6.

# [Sainte-Beuve e Balzac]

Um[1] dos contemporâneos que ele não conheceu bem foi Balzac. Tu franzes o cenho. Sei que não gostas dele. E não estás errada. A vulgaridade de seus sentimentos é tão grande que a vida não conseguiu educá-lo. Não é somente na idade em que começa Rastignac que ele deu por objetivo à vida a satisfação das mais baixas ambições, ou, ao menos, a objetivos mais nobres misturou o mais baixo, de tal modo que é quase impossível separá-los. Um ano antes de morrer, às vésperas de conseguir a realização do grande amor de sua vida, seu casamento com Mme. Hanska, a quem ama há dezesseis anos, ele conversa com a irmã empregando

---

1 Sobre Balzac julgado por Sainte-Beuve e sobre o Balzac de sr. de Guermantes, encontramos no Caderno I um trecho contínuo que citamos doravante. Juntamos, em seguida, notas complementares e relacionadas aos mesmos assuntos, que estão esparsas em muitos cadernos. O trecho contínuo ocupa da p. 54 verso à p. 24 verso do Caderno I, lido de trás para frente. Proust parece ainda estar conversando com a mãe.

os seguintes termos: «Pois bem[2] Laure, é um grande feito, em Paris, quando se pode, quando se o quer, abrir seu salão e juntar a elite da sociedade, que lá encontra uma mulher educada, imponente com uma rainha, de nascimento ilustre, ligada às mais ricas famílias, espiritual, instruída e bela. Há, nisso, um grande poder de domínio... Que queres? Para mim, o amor do momento, sentimento à parte (o insucesso matar-me-ia moralmente), é tudo ou nada, apostando todas as fichas... O coração, a mente, a ambição não desejam, em mim, outra coisa que não o que persigo há dezesseis anos; se essa felicidade imensa me escapar, não precisarei de nada. Não pense que gosto de luxo. Gosto do luxo da rue Fortunée, com todos os seus acompanhamentos: uma *bela mulher, bem nascida, de posses* e *com as melhores ligações*». Noutro texto,[3] ele volta a nela falar nesses termos: «Essa pessoa que traz consigo (além da fortuna) as mais preciosas vantagens sociais». Não podemos nos surpreender, depois disso, que no *Lírio do Vale*, sua mulher *ideal* por excelência, o «anjo», Mme. de Mortsauf, ao escrever, no momento da morte, ao homem, ao rapaz que ela ama, Félix de Vandenesse, uma carta cuja lembrança permanecerá para ele tão sagrada

......................................................

2   Carta a Laure Surville, escrita em Wierzchownia, de 22 de março de 1849 (*Correspondance de Balzac*, 2 vol., Calmann-Lévy, 1876).

3   Na mesma carta de 22 de março de 1849.

que muitos anos depois, ele dirá:[4] «Eis a voz adorável que de repente ressoa no silêncio da noite, eis a sublime imagem que se ergueu para mostrar-me o verdadeiro caminho», dá-lhe os preceitos da arte de ser bem-sucedido na vida. De ser bem-sucedido honestamente, de maneira cristã. Pois Balzac sabe que ele deve nos retratar uma imagem de santa. Mas não tem como saber que, mesmo aos olhos de uma santa, o sucesso social não deve ser o objetivo supremo. E quando ele celebrar junto à irmã e às sobrinhas os benefícios que se auferem da intimidade com uma criatura admirável como a mulher que ele ama, essa perfeição que ela poderá comunicar-lhes consiste numa certa nobreza de modos, que sabe marcar e manter distância quanto à idade, a situação etc., sem falar em algumas entradas de teatro, «lugares no Théâtre des Italiens, na Opéra, e na Opéra-Comique». E Rastignac, quando se apaixona pela tia, Mme. de Bauséant, confessar-lhe-á suas malícias: «A senhora pode muito por mim».[5] Mme. de Bauséant [Compare[6] como sendo delicadeza moral a estupefação da heroína de *La Nouvelle Espérance* («A nova esperança»), de Mme. de Noailles,[7] quando o homem que parecia fazer-lhe a corte lhe diz:

---

4   *O lírio do vale*, XXVI.

5   É no *Pai Goriot*, VI, que Rastignac pede a Mme. de Bauséant o seu apoio.

6   Nota em frente ao texto, Caderno I, p. 53, verso.

7   Romance publicado em 1903.

«Permita-me fazer um bom casamento»] não se surpreende e sorri.

Não me refiro à vulgaridade de sua linguagem. Ela era tão profunda que chega a corromper o seu vocabulário, a fazê-lo empregar expressões que destoariam até na conversa mais corriqueira. *Os recursos de Quinola* deviam chamar-se, inicialmente, *As rubricas de Quinola* [**A propósito das vulgaridades de Balzac,[8] no intuito de retratar o espanto de d'Arthez: «Sentia um arrepio na espinha» (*Segredos*).[9] Por vezes, elas parecem, ao leitor que é simplesmente um homem comum, conter uma verdade profunda sobre a sociedade: «As antigas amigas de Vandenesse, Mmes. d'Espard, de Manerville, lady Dudley, algumas outras menos conhecidas,[10] sentiram no fundo de seus corações o despertar de serpentes, ficaram com ciúmes da felicidade de Félix; elas teriam de bom grado dado *um dedo da mão direita* para que lhe acontecesse alguma desgraça».][11] E toda vez que ele quer dissimular essa vulgaridade, tem esse feitio das pessoas vulgares, que é como uma espécie de pose sentimental,

---

8 Essa nota está no Caderno I, p. 51, verso. A indicação com a qual se inicia nos leva a colocá-la aqui.

9 *Os segredos da princesa de Cadignan*, XVI.

10 Ms: «conhecidas (ver p. XX de meu artigo) sentira».

11 *Uma filha de Eva*, IV.

com dedos afetadamente apoiados na testa, de medonhos operadores da bolsa em seus carros no Bois de Boulogne. Então, ele diz «caríssima», ou até, «*darling*», «*addio*» em vez de adeus etc.

Por vezes, consideraste Flaubert vulgar, de certa forma, em sua correspondência. Mas ele, ao menos, não possui nada desse tipo de vulgaridade,[12] pois ele compreendeu que o objetivo da vida do escritor está em sua obra, e que o resto não existe «a não ser para o uso de uma ilusão a ser descrita». Balzac coloca, de fato, no mesmo patamar, os triunfos da vida e os da literatura. «Se eu não for grande pela *Comédia humana*, escreve ele à irmã, o serei por esse sucesso»[13] (o sucesso de casar-se com Mme. Hanska). [**A verdade[14] do ponto de vista de Flaubert, Mallarmé etc., não nos teria um pouco locupletado, e não começaríamos a ter fome da infinitamente pequena parte de verdade que pode haver no erro oposto (como alguém que, depois de um longo e útil regime sem cloreto, tivesse necessidade de sal, como aqueles selvagens que sentem**

---

12  Damos aqui a primeira versão do Ms. Proust substituiu, em seguida, «essa» por «a» e suprimiu «aqui» depois de «vulgaridade»; mas sua correção parece ter ficado incompleta.

13  Carta de 22 de março de 1849, escrita em Wierzchownia.

14  Nota escrita em frente ao texto, Caderno I, 53, verso.

um «gosto ruim na boca» e se lançam, segundo o sr. Paul Adam, sobre outros selvagens, a fim de comer o sal que não possuem na pele)?][15]

Mas vês bem que essa vulgaridade é, talvez, ela própria causa da força de algumas de suas pinturas. No fundo, mesmo para aqueles que, entre nós, para quem se trata justamente de elevação, de não querer admitir esses motivos vulgares, de os condenar, depurar, eles podem existir, transfigurados. Em todo caso, até quando um ambicioso possui um amor ideal, mesmo que ele não transfigure pensamentos de ambição, infelizmente, esse amor não é tudo na vida, não passa, frequentemente, de um momento melhor da juventude. É com essa parte de si mesmo, apenas, que um escritor faz um livro. Mas há toda uma parte que fica excluída. Assim, que força de verdade encontramos ao ver um tenro amor de Rastignac, um tenro amor de Vandenesse, e ao saber que esse Rastignac [esse Vandenesse] são frios ambiciosos, cujas vidas foram, em sua integralidade, cálculo e ambição, e em que esse romance de juventude (sim, quase mais um romance de juventude do que um romance de Balzac) é esquecido, em que eles só se[16] manifestam sorrindo, com o sorriso

---

15 Essa nota é seguida de uma frase inacabada e pouco legível. «De fato, leio num artifo do sr. Bataille sobre o sr. Burnet Provins [?]...».

16 Ms: «só se nele manifestam».

daqueles que esqueceram, verdadeiramente, em que os outros e o próprio autor falam da aventura com Mme. de Mortsauf como de uma aventura qualquer, sem sequer a tristeza de que ela não preencheu, com a sua lembrança, as suas vidas por inteiro! Para dar, a essa altura, o sentimento da vida de acordo com a sociedade e a experiência, quer dizer, aquela em que se convencionou que o amor não dura, que trata-se de um erro de juventude, que a ambição e a carne tiveram, sim, alguma influência, que tudo isso não parecerá importante um dia etc., para mostrar que o sentimento mais ideal pode não passar de um prisma pelo qual um ambicioso transfigura para si mesmo sua ambição, mostrando[-a][17] de maneira, talvez, inconsciente, mas das mais assombrosas, quer dizer, mostrando objetivamente como sendo o mais seco aventureiro o homem que, por si mesmo, aos próprios olhos, subjetivamente, acreditar ter um amor ideal, talvez fosse um privilégio, condição essencial, até, que o autor, precisamente, concebeu de forma totalmente natural os sentimentos mais nobres, de uma maneira tão vulgar que, quando ele acreditava nos retratar a realização do sonho de felicidade de uma vida, falou-nos das vantagens sociais desse casamento. Não devemos separar, aqui, sua correspondência de seus romances. Se já muito foi dito que

17  Ms: «o».

os personagens eram para ele seres reais e que ele discutia seriamente se tal partido era melhor para Mlle. Grandieu, para Eugénie Grandet, pode-se dizer que sua vida era um romance que construía absolutamente da mesma maneira. Não havia demarcação entre a vida real (a que não o é, em nosso entender) e a vida de seus romances (a única verdadeira para o escritor). Nas cartas à irmã em que ele fala das possibilidades desse casamento com Mme. Hanska, não apenas tudo é construído como num romance, como todos os caráteres são colocados, analisados, deduzidos, como em seus livros, enquanto fatores que tornarão a ação clara. No intuito de mostrar-lhe que a forma pela qual a mãe o trata como um menininho em suas cartas, e também que a revelação não somente de suas dívidas (de Balzac), mas que ele possui um família lia endividada, podem fazer o casamento fracassar e levar Mme. Hanska a preferir outro partido, ele deduz, como poderia fazer no *Cura de Tours* (p. 381): «Então[18] dizes que a situação de escultor é promissora...» até «tudo vai para o brejo por conta de ninharias». Em outro texto, será «a busca do absoluto» em seus preparativos para encontrar, na Sicília, minas de romanos.[19]

---

18  Carta a Laure de 22 de março de 1849. Balzac escreveu «tudo isso, para o brejo».

19  É em abril de 1838 que Balzac estuda, na Sardenha, meios de explorar os restos de

E o mobiliário do primo Pons ou de Claës não é descrito com mais amor, realidade e ilusão do que ele descreve sua galeria da rua Fortunée, ou a de Wierzchownia: «Recebi[20] a fonte da sala de jantar que Bernard Palissy fez para Henrique II ou para Carlos IX; é uma de suas primeiras peças e uma das mais curiosas, peça de preço incalculável, pois chega a quarenta e cinco centímetros de diâmetro e setenta centímetros de altura etc. etc. A[21] pequenina casa da rua Fortunée vai, em breve, receber belos quadros, uma bela cabeça de Greuze, que provém da galeria do último rei da Polônia, dois Canalettos que pertenceram ao papa Clemente XIII, dois Van Huysums, um Van Dyck, três telas de Rotari, o Greuze da Itália, uma *Judith* de Cranach que é uma maravilha etc. etc. Esses quadros são *di primo cartello* e não destoariam em nenhuma bela galeria» (p. 349). «Que[22] diferença com relação

---

chumbo deixados pelos romanos em suas minas e fazer dinheiro com eles. Ele queria que Suville se interessasse por essa quimera. Proust confunde Sardenha e Sicília.

20  Carta de Théophile Thoré de 13 de dezembro de 1846, de Paris.

21  Carta endereçada não a Laure, mas às suas filhas Sophie e Valentine, datada, na edição de Calmann-Lévy, de novembro de 1848, e na edição de Pierrot (t. V, o. 670, n. 2), de 29 de novembro de 1849.

22  Carta a Laure de 22 de março de 1849, de Wierzchownia.

ao Holbein de minha galeria, fresco e puro depois de trezentos anos!» (p. 389). «O *São Pedro*[23] de Holbein foi considerado sublime; numa venda pública, poderia atingir três mil francos.»[24] Em Roma, ele comprou um «Sebastiano del Piombo,[25] um Bronzino e um Mierevelt de grande beleza» (p. 236). Ele possui vasos de Sèvres «que devem ter sido presenteados a Latreille,[26] pois só se pode ter feito um trabalho desse gabarito para uma grande celebridade da entomologia. É um verdadeiro achado, uma barganha, como nunca vi igual». [Ele fala] de seu «lustre[27] que vem do mobiliário de algum imperador da Alemanha, pois tem por adereço uma águia de duas cabeças», de seu retrato da rainha Maria «que[28] não é de Coypel, mas

........................................................................

23 Carta a Mme. Hanska, de 15 de junho de 1846, de Paris.

24 Entre «três mil francos» e «Em Roma», há uma frase pouco legível no Ms: «Em meio às sólidas pinturas que existem em meu gabinete, o quadro de Natoire é um pouco excessivo».

25 Carta a Laure de 21 de abril de 1846, de Civita Vecchia.

26 Carta a Mme. Hanska, de 12 de fevereiro, de Passy. Latreille (1762-1833), naturalista francês, publicou *Précis des caractères généraux des insectes...* (1796).

27 Ms: «nunca se viu, seu lustre». A frase que concerne o lustre está na mesma carta a Mme. Hanska.

28 Carta a Mme. Hanska, de 18 de fevereiro de 1846, de Passy.

feito em seu ateliê por um aluno, Lancret ou algum outro; é preciso ser especialista para não pensar que é de Coypel». «Um Natoire[29] encantador, assinado e deveras autêntico, embora rebuscado em demasia, em meio às sólidas pinturas que estão no meu gabinete». «Um[30] delicioso esboço do nascimento de Luis XIV, uma *Adoração dos pastores*, em que os pastores estão [penteados] à moda do tempo e representando Luis XIII e seus ministros». O seu *Cavaleiro de Malta*, «uma[31] dessas luminosas obras de arte que são, como o violinista, o sol de uma galeria. Tudo é harmonioso como num original bem conservado de Ticiano; o que incita mais admiração é a veste que, conforme expressão de entendidos, *contém um homem*... Sebastiano del Piombo é incapaz de fazer isso. De toda forma, é uma escola de Rafael com apuro na cor. Mas enquanto não tiveres visto meu retrato de mulher de Greuze, não poderás saber, crê-me, o que é uma escola francesa. De certa forma, Rubens, Rembrandt, Rafael, Ticiano não

---

29 Carta a Mme. Hanska, de 15 de junho de 1846. Proust funde numa única, duas frases distintas dessa carta.

30 Carta a Mme. Hanska, de 4 de agosto de 1846. Corrigimos a palavra «penteado» omitida por Proust.

31 Frases tomadas de empréstimo à longa carta de Balzac envia de Paris em agosto de 1846 a Georges Mniszech, genro de Mme. Hanska.

são os melhores. À sua maneira, é tão belo quanto o *Cavaleiro de Malta*. Uma *Aurora* de Guido, em seu aspecto forte, quando ele era parecidíssimo com Caravaggio. Lembra Canaletto, mas é mais grandioso. Enfim, ao menos para mim [ele dizia frequentemente «para mim, pelo menos». Falando do Primo Pons: «É para mim, pelo menos, uma dessas belas obras». Deve ter sido sua mãe quem lhe disse: «Diga *para mim pelo menos* quando disseres tais coisas»]. Meu[32] serviço de mesa Watteau, o bule de leite que é magnífico, e os dois potes para chá», «o[33] mais belo Greuze que já vi, feito por Greuze para Mme. Geoffrin, dois Watteaus feitos por Watteau para Mme. Geoffrin: esses três quadros valem oitenta mil francos. Há também dois Leslies admiráveis: Jaime II e sua primeira esposa; um Van Dyck, um Cranach, um Mignard, um Rigand sublimes, três Canalettos comprados pelo rei, um Van Dyck comprado de Van Dyck pelo trisavô de Mme. Hanska, um Rembrandt; que quadros! A condessa[34] quer que os três Canalettos fiquem na minha galeria. Há dois Van Huysums, que valem mais que uma tela cravejada de brilhantes. Quantos tesouros nessas grandes casas polonesas!» (p. 420).

---

32 Carta a Thoré, já citada.

33 Carta a Laure, de 21 de outubro de 1849.

34 Balzac especifica: «a condessa Georges, filha de Mme. Hanska.

Essa realidade de meias-distâncias, por demais quimérica para a vida, por demais terra-a-terra para a literatura, faz com que amiúde saboreemos, na literatura, prazeres muito pouco [diversos] dos que a vida nos proporciona. Não é pura ilusão quando Balzac, querendo citar grandes médicos, cita a esmo nomes reais e de personagens de seus livros, e diz: «Ele tinha o gênio de um Claude Bernard, de um Bichat, de um Desplein, de um Bianchon», como aqueles pintores de panorama que misturam, aos primeiros planos de sua obra, figuras em alto relevo e o *trompe l'oeil* da decoração.

Não raro, seus personagens serão reais, não [serão][35] *mais que reais.*

Assim, continuaremos a sentir e quase satisfazer, ao lermos Balzac, as paixões das quais a alta literatura deve nos curar. Uma noite na alta sociedade, descrita em    ,[36] é dominada pelo pensamento do escritor, nossa mundanidade é purgada, como diria Aristóteles; em Balzac, temos quase que uma satisfação mundana ao observá-lo.

[*Seus títulos[37] comportam em si essa marca positiva. Enquanto não raro, para os escritores, o título é mais ou menos um símbolo, uma imagem

---

35   Ms: «são».

36   Ms: «em Balzac».

37   Esse trecho independente se encontra diante do nosso texto (Caderno I, p. 47, verso) e diz respeito ao mesmo tema.

que é preciso ser tomada num sentido mais geral, mais poético, que a leitura lhe dará, com Balzac ocorre o contrário. A leitura desse admirável livro chamado *Ilusões perdidas* restringe e materializa esse belo título, «Ilusões perdidas». Ele quer dizer que Lucien Rubembré, vindo para Paris, deu-se conta de que Mme. de Bargeton era ridícula e provinciana, que os jornalistas eram tratantes, que a vida era difícil. Ilusões bem particulares, todas contingentes, cuja perda pode acuá--lo ao desespero e que conferem uma poderosa marca de realidade ao livro, mas que haurem um pouco da poesia filosófica do título. Cada título deve, assim, ser tomado ao pé da letra: *Um grande homem da província em Paris, Esplendores e misérias das cortesãs, Por quanto o amor fica aos velhos* etc. Em *A busca do absoluto*, o absoluto é mais uma fórmula, algo mais alquímico do que filosófico. De resto, pouco há de filosofia. E o assunto do livro é muito mais os estragos que o egoísmo de uma paixão dissemina numa família amorosa que os sofre, qualquer que seja, aliás, o objeto dessa paixão: Balthazar Claës é irmão dos Hulot, dos Grandet. Aquele que escrever a vida da família de um neurastênico poderá fazer um quadro do mesmo gênero.]

O estilo é tão fortemente a marca da transformação a que o pensamento do escritor submete a realidade que, em Balzac, não se há de falar, propriamente, em estilo. Nisso,

Saint-Beuve enganou-se totalmente: «Esse estilo... como os membros de um escravo antigo».[38] Nada de mais errado. No estilo de Flaubert, por exemplo, todas as partes da realidade são convertidas numa mesma substância, de vastas superfícies, num espelhamento monótono. Não restou qualquer impureza. As superfícies tornaram-se refletoras. Todas as coisas nelas se retratam, mas por reflexo, sem alterar sua substância homogênea. Tudo o que era diferente foi convertido e absorvido. Em Balzac, ao contrário, coexistem, não digeridos, ainda não transformados, todos os elementos de um estilo por vir, que não existe. Esse estilo não sugere, não reflete: ele explica. Aliás, explica com a ajuda das imagens mais assombrosas, mas não fundidas ao restante, que fazem compreender o que ele quer dizer, como, numa conversa, levamos a compreender, se estamos numa conversa genial, mas sem nos preocuparmos com a harmonia do todo e sem intervir. Em sua correspondência, ele dirá:[39] «Os bons casamentos[40] são como

......................................................

38 Sainte-Beuve escreveu, na verdade (*Causeries du Lundi*, II, p. 351): «Esse estilo tão amiúde irriquieto e dissolvente... bem asiático, como diziam nossos mestres, mais quebrado, em certos lugares, e mais amolecido do que o corpo de um antigo mímico».

39 «Se ele dirá... é por meio de imagens... que empregará...»: toda essa passagem é de redação apressada.

40 Carta a Laure, 22 de março de 1849: «Saiba que há casamentos como creme de leite, que

creme de leite: um nada o faz desandar», e são imagens desse tipo, quer dizer, assombrosas, exatas, mas que destoam, que explicam em vez de sugerir, que não se subordinam a qualquer objetivo de beleza e harmonia, que ele empregará: «O riso do sr. Bargeton, que era como bolas de canhão que despertam etc. etc.»[41] «Sua cútis adquirira o tom quente de uma porcelana na qual se continha uma luz» (*Duquesa de Langeais*,[42] p. 187). «Seus olhos pareciam cobertos de uma fronha transparente: dirias que pareciam pérola suja cujos reflexos azulados cintilavam ao luzir das velas».[43] «Enfim, para retratar esse homem com um traço cujo valor será apreciado pelas pessoas habituadas a cuidar de negócios, ele usava lentes azuis destinadas a...» (*Ilusões perdidas*, p. 31, t. III).[44]

Se ele se contenta em encontrar o traço que poderá nos fazer compreender como é a sua pessoa, sem tentar fundi-lo ao belo

---

um nada, uma mudança no ar, um odor faz desandar».

41 *Ilusões perdidas*, XI: «[O sr. De Bargeton] permitia-se sorrisos que se lançavam como balas de canhão enterradas, que despertam...».

42 *A duquesa de Langeais*, XIII: «... o tom quente de uma taça de porcelana sob a qual se encerrasse uma luz tênue».

43 *O coronel Chambert*, VII.

44 *Ilusões perdidas*, XII, p. 387: «Enfim... ele usava óculos escuros de lente azul com cuja ajuda escondia o olhar».

conjunto, por outro lado ele também dá exemplos precisos em vez de desvelar o que eles podem conter. Ele descreve da seguinte forma o estado de espírito de Mme. de Bargeton: «Ela mirava o pachá de Janina; gostaria de lutar contra ele no harém e encontrava algo grande a ser costurado num saco e jogado à água. Invejava lady Esther Stanhope, literata do deserto»[45] [*E,[46] **de fato, ele avalia tão irrisória a beleza da imagem, que Mme. de Mortsauf escreverá a Félix de Vandenesse: «Para empregar uma imagem *que se grave no seu espírito poético*, uma cifra, seja ela de uma grandeza desmesurada, desenhada em ouro, ou escrita a lápis, ela nunca passará de uma cifra»].**[47] Assim, em vez de contentar-se em inspirar o sentimento que quer que sintamos por algo, ele o qualifica imediatamente: «Ele teve uma expressão horrenda. Lançou um olhar sublime.» E nos falará das qualidades de Mme. de Bargeton, que são «exagero por irritar-se com ninharias provincianas».[48] E acrescenta

---

45 Essa nota se encontra na p. 49 do Caderno I, diante de nosso texto.
A expressão em francês para «literata», *bas--bleu*, refere-se de maneira pejorativa a mulheres letradas, no século XIX. [N. T.]

46 *O lírio do vale*, XXVI.

47 *Ilusões perdidas*, XI.

48 *Ilusões perdidas*, XI.

como a condessa d'Escarbagnas[49] (p. 48)...
E «certamente, um pôr de sol é um grande
poema etc.»[50] [*Até[51] no *Lírio do Vale*,
**«uma das pedras mais trabalhadas de
seu edifício», diz ele, e sabemos que ele
pedia aos impressores que lhe devolves-
sem até sete e oito provas, ele está tão
apressado para narrar o fato, que a frase
se acomoda como pode. Ele lhe deu a informação com que deve instruir o leitor,
cabe a ela desimcumbir-se como puder:
«Apesar do calor, desci pelo prado, a fim
de rever o Indre e suas ilhas, o vale e seus
morros *dos quais eu parecia um admira-
dor apaixonado*».]**[52]

Não concebendo a frase como sendo
feita de alguma substância especial, onde
deva se abismar e não mais ser reconhecível
todo objeto de uma conversação, do saber
etc., ele acrescenta a cada palavra a noção
que ele dela tem, a reflexão que ela lhe inspira. Se fala de um artista, imediatamente
diz o que dele sabe, por simples aposição.

---

49  Sem dúvida, alusão ao tom desdenhoso com o
    qual Balzac fala da província nessa página (XI,
    p. 213) das *Ilusões perdidas*: «Longe do centro,
    onde brilham os grandes espíritos, onde o ar
    está carregado de pensamentos... a instrução
    envelhece, o gosto se desnatura». Cf. *A con-
    dessa d'Escarbagnas*, cena II.

50  *Ilusões perdidas*, XI.

51  Trecho que também se encontra no Caderno I,
    p. 24.

52  *O lírio do vale*, XXVI.

Ao falar da gráfica Séchard, diz que era necessário adaptar o papel às necessidades da civilização francesa, que ameaçava estender a discussão a tudo e alicerçar-se sobre uma perpétua manifestação do pensamento individual – verdadeira desgraça, pois os povos que deliberam agem muito pouco etc. etc. E assim ele dispõe todas as suas reflexões que, devido a essa vulgaridade de natureza, são frequentemente medíocres e auferem dessa espécie de ingenuidade com a qual se [apresentam][53] no meio de uma frase, algo de assaz cômico. Tanto mais porque as expressões «próprias a» etc., cujo uso vem precisamente da necessidade de definir, no meio de uma frase, e de dar uma informação, confere-lhes algo de mais solene. Por exemplo, no *Coronel Chabert*, surge em várias ocasiões «a intrepidez natural aos advogados, a desconfiança natural dos advogados». Quando tem de fornecer uma explicação, Balzac não é sutil, e escreve: «Eis por que»; segue um capítulo. Da mesma forma, ele tem resumos em que afirma tudo que devemos saber, sem dar amplitude, espaço: «A partir do segundo mês de casamento, David passava a maior parte do tempo» etc. «Três meses depois de sua chegada a Angoulème»[54] etc. «A religiosa fez, no *Magnificado*, ricas, graciosas vocalizações cujos diferentes ritmos denunciavam uma alegria

---

53 Ms: «se, no meio».

54 As duas frases são consecutivas em *Ilusões perdidas*, XII, p. 375.

humana. Seus motivos tinham o brilho dos trilos de uma cantora lírica etc. Seus cantos saltitavam como passarinhos»[55] etc. etc.

Mas precisamente, tudo isso agrada àqueles que gostam de Balzac; eles repetem entre si, sorrindo: «O nome ignóbil de Amélie», «bíblico, repetiu Fifine espantada»,[56] «a princesa de Cadignan, uma das mulheres mais exigentes quanto à indumentária».[57] Gostar de Balzac! Sainte-Beuve, que gostava tanto de definir o que era gostar de alguém[58] teria tido, aqui, um lindo texto a preparar. Pois dos outros romancistas, gostamos submetendo-nos a eles, recebemos de um Tolstói a verdade como de alguém maior e mais puro que nós. De Balzac, conhecemos todas as vulgaridades, elas nos repeliram de início; depois, começamos a gostar dele, então, sorrimos a cada ingenuidade que é tão típica sua; gostamos dele com um pouquinho de ironia mesclada a ternura; conhecemos suas atribulações, suas baixezas, gostamos delas porque caracterizam-no fortemente.

---

55  *A duquesa de Langeais*, XIII, p. 162.

56  *Ilusões perdidas*, XI (Fifine é o diminutivo de Joséphine, nome de Mme. de Bartas).

57  *Os segredos*, XVI, p. 324.

58  Alusão ao famoso trecho dos *Nouveaux Lundis*, V, p. 277ss: «Gostar de Molière, digo, gostar dele sinceramente, de todo coração, é, sabes?, possuir uma garantia pessoal contra muitos defeitos... Gostar de Molière...»

Tendo mantido, por um lado, um estilo desorganizado, poderíamos crer que Balzac não buscou objetivar a linguagem de seus personagens, ou, quando a fez objetiva, que ele não pôde evitar fazer notável, a cada instante, o que tinha de particular. Ora, é exatamente o contrário. Esse mesmo homem que expõe ingenuamente visões históricas, artísticas etc., esconde os mais profundos propósitos, e deixa falar por si mesma a verdade da pintura da linguagem de seus personagens, tão finamente, que ela pode passar desapercebida, e ele não busca indicá-la em nada. Quando dá a palavra à bela Mme. [Roguin] que, parisiense de espírito, é, para Tours, a mulher do governador da província, como todos os gracejos que ela faz sobre a residência dos [Rogron] são realmente *dela*, e não de Balzac![59]

Quando a duquesa de Langeais conversa com Montriveau, ela diz uns «... De

---

59 Como nos manuscritos e nos próprios romances, particularmente em *Jean Santeuil*, Proust confunde, aqui, nomes, cidades, profissões. Ele escreveu «Rognon» em vez de Roguin e «Roguin» em vez de Rogron. Ainda por cima, chama de «Mme. Roguin» aquela que é, em realidade, Mme. Tiphaine, cujo sobrenome de solteira é Roguin: ele a situa em Tours, quando ela reside em Provins; faz o mesmo com a mulher do governador, pois seu marido é presidente do tribunal. Mas é verdade, de fato, que em *Pierrette* (IX), ela debocha da falta de traquejo social dos Rogron.

verdade!»[60] e Montriveau, banalidades de soldado:[61] «O canto de Vautrin, as pilhérias dos escreventes: «Trim trim trim!» (p. 11, *Chabert*)[62], a vacuidade da conversa do duque de Grandlieu com o vidama de Palmiers: «O conde de Montriveau está morto, diz o vidama de Palmiers, era um homem gordo que tinha uma incrível paixão por ostras. – Quantas comia? Perguntou o duque de Grandlieu. – Todos os dias, dez dúzias. – Sem passar mal? – Sem qualquer sinal de mal estar. – Oh, que extraordinário! Esse hábito não lhe deu pedra nos rins? – Não, sempre teve saúde perfeita, morreu num acidente. – Acidente? A natureza lhe disse que comesse ostras, elas lhe deviam ser necessárias».[63] Lucien de Rubempré, mesmo em seus apartes, tem apenas uma alegria vulgar, o ranço de juventude inculta, que deve agradar a Vautrin: «Então, pensa Lucien, ele conhece o carteado». «Ei-lo interessado». «Que jeito de árabe!». «Lucien diz para si mesmo: vou fazê-lo esperar».[64] «É

---

60 Por exemplo, na *Duquesa de Langeais* (XIII): «Gosto de participar dos sofrimentos amargados por um homem de coragem, pois sinto-os, de verdade!».

61 Proust deixou uma lacuna aqui.

62 *Coronel Chabert*, VII.

63 *Duquesa de Langeais*, XIII.

64 Podemos encontrar essas quatro réplicas em *Ilusões perdidas* (XII, p. 545, 554, 548, 542). A que se segue é de *Esplendores e misérias das cortesãs*, XV, p. 67.

um espertalhão que é tão padre quanto eu.»
E, de fato, Vautrin não foi o único a gostar de
Lucien de Rubembré. Oscar Wilde, a quem a
vida deveria, infelizmente, ensinar mais tarde
que há dores mais pungentes do que as que
nos causam os livros, dizia em seus primeiros
anos (na época em que dizia: «Só depois da
escola dos laquistas, passou a haver nevoeiro
sobre o Tâmisa».): «A maior mágoa de minha vida? A morte de Lucien Rubempré nos
*Esplendores e misérias das cortesãs*».

[* **Há, aliás,[65] algo de particularmente
dramático nessa predileção e enterneci-
mento de Oscar Wilde, nos tempos de
sua vida brilhante, pela morte de Lucien
de Rubempré. Talvez ele se deixasse en-
ternecer, como todos os leitores, colo-
cando-se do ponto de vista de Vautrin,
que é o ponto de vista de Balzac. E, aliás,
desse ponto de vista, ele era um leitor
particularmente escolhido e eleito para
adotar esse ponto de vista, mais completamente do que a maioria dos leitores.
Mas não podemos deixar de pensar que,
alguns anos mais tarde, ele próprio seria
Lucien de Rubembré. E o fim de Lucien
Rubempré na prisão da Conciergerie,**

---

A primeira citação, «*Alors, pensa Lucien...*» no
original de Balzac, contém um erro de Proust,
que colocou «*Allons...*», em mais um erro ou
aproximação de citação. [N. T.]

65  Trecho que se encontra no Caderno I, p. 43,
verso, diante de nosso texto.

vendo toda a sua brilhante existência mundana desmoronar diante da prova de que ele vivia com um condenado, era mera antecipação – ainda desconhecida de Wilde, é verdade – do que deveria, justamente, acontecer com Wilde.]

Nessa última cena dessa primeira parte da *Tetralogia* de Balzac (pois, em Balzac, a unidade está raramente no romance; o romance é constituído por um ciclo, do qual o romance é apenas uma parte) cada palavra, cada gesto, tem, assim, lados avessos dos quais Balzac não fala aos leitores, e que são de uma profundidade admirável. Eles são da ordem de uma psicologia tão especial e que, a não ser por Balzac, ninguém usou, e que ele tem a delicadeza de indicar. Mas tudo, desde a maneira pela qual Vautrin para no caminho de Lucien, que ele não conhece e cujo físico, por si só, bastou para interessá-lo, até esses gestos involuntários com os quais lhe dá o braço etc., não trairia o sentido muito diferente e muito preciso das teorias de dominação, de aliança a dois na vida etc., de que o falso cânone colore aos olhos de Lucien e, talvez, aos seus próprios, um pensamento inconfesso. O parêntese a propósito do homem que tem mania de comer papel[66] também não seria um traço de caráter admirável de Vautrin e de todos os seus semelhantes, uma de suas teorias favoritas, o pouco que deixam escapar de seu segredo? Mas o mais belo,

........................................................

66   Cf. *Ilusões perdidas*, XII.

incontestavelmente, é o maravilhoso trecho em que os dois viajantes passam diante das ruínas do castelo de Rastignac. Denomino-o de *Tristeza de Olímpio* da Homossexualidade:[67] *Ele quis tudo rever, o lago perto da nascente.*[68] Sabemos que Vautrin, na pensão Vauquer, no *Pai Goriot*, pretendeu, inutilmente, exercer, sobre Rastignac, o mesmo domínio que tem agora sobre Lucien de Rubempré. Fracassou, mas Rastignac nem por isso deixou de ter sua vida influenciada [...][69] Mais tarde, quando Rastignac será hostil com Lucien de Rubempré, Vautrin, mascarado, o lembrará de certas coisas da pensão Vauquer e o forçará a proteger Lucien, e, mesmo após a morte de Lucien, Rastignac chamará Vautrin para encontros numa rua obscura. Citar essa passagem.

Tais efeitos só são possíveis graças a essa admirável invenção de Balzac, de manter os mesmos personagens em todos os seus

---

67 Cf. *Em busca do tempo perdido*, quando Charlus vê no mesmo trecho, «a *Tristeza de Olympio* da pederastia».

68 *Tristeza de Olympio*, v.13. Cf. *Ilusões perdidas*, XII. «Ele quis, por curiosidade, percorrer a pequena avenida... e olhou para tudo com mais interesse do que Lucien esperaria de um padre espanhol.»

69 Ms (depois de «sua vida»): «Vautrin fez com que fosse assiassinado [ilegível] para casá-lo [ilegível]». Essa frase e a seguinte parecem se referir não a um romance de Balzac, mas à série de tomos que Charles Rabou pretendeu dar ao *Deputado de Arcis*.

romances. Assim, um raio destacado no fundo da obra, que passa ao longo de toda uma vida, para vir tocar[70] com seu luzir melancólico e sombrio esse casarão nos campos da Dordonha e essa parada dos dois viajantes. Sainte-Beuve não entendeu absolutamente nada nesse fato de deixar o nome dos personagens: «Essa pretensão finalmente o conduziu...» (*Portraits contemporains*, p. 337, nota).[71]

É a ideia de gênio de Balzac, que Sainte-Beuve não reconhece. Poder-se-ia argumentar que ele não a teve imediatamente. Tal parte de seus grandes ciclos só foi acrescentada posteriormente. Não importa. *O Encantamento da Sexta-Feira Santa* é uma peça que Wagner escreveu antes de pensar em fazer *Parsifal*, onde, em seguida, a incluiu. Mas, as adições, essas belezas acrescentadas, os novos acréscimos percebidos bruscamente, pelo gênio, entre as partes separadas de sua obra, que se reúnem, vivem e não mais poderiam se separar, não estariam entre suas mais belas intuições? A irmã de Balzac nos contou sobre a alegria que ele sentiu no dia em que teve essa ideia, e acho-a tão grande assim, quanto se ele a tivesse tido antes de começar sua

---

70 Ms: depois de «tocar», palavra ilegível.

71 Continuação da citação: «... conduziu a uma ideia das mais equivocadas e mais contrárias ao interesse, qual seja, a de fazer retornarem, sem cessar, de um romance a outro, os mesmos personagens... Nada é mais nocivo a... esse encanto do imprevisto que faz todo o interesse do romance».

obra. É um raio que surgiu, que veio pousar a um só tempo sobre diversas partes até então opacas em sua criação, as uniu, fez viverem, iluminou, mas nem por isso esse raio deixou o seu pensamento.

As outras críticas de Sainte-Beuve não são menos absurdas. Depois de ter condenado essas «delícias de estilo» em Balzac, das quais ele é, infelizmente, desprovido, condena-lhe faltas de gosto, o que, nele, é real demais; porém, como exemplo, ele cita uma frase que depende de uma dessas peças admiravelmente escritas, como há, afinal, muitas em Balzac, em que o pensamento refundiu, unificou o estilo com que a frase é feita. [Como a em que] as solteironas, «todas alojadas na cidade, nela distribuídas como os vasos capilares de uma planta, aspiravam, com a sede de uma folha pelo orvalho, as novidades, os segredos de cada lar, bombeavam-nos e transmitiam-nos maquinalmente ao abade Troubert, como as folhas comunicam ao talo o frescor que absorveram»:[72] E, algumas páginas mais adiante, a frase incriminada por Sainte-Beuve: «Tal era a substância das frases lançadas pelos tubos capilares do grande conciliábulo feminino, e complacentemente repetidas pela cidade de Tours».[73] Ele ousa dar como razão de sucesso o fato de que [Balzac] elogiou as enfermidades das mulheres, as que começam a não mais ser jovens

---

72 *O cura de Tours*, IX.

73 *Ibid.*

(*A mulher de trinta anos*): «Meu severo amigo dizia: Henrique IV conquistou seu reino cidade por cidade; o sr. de Balzac conquistou seu público malsão por enfermidades. Hoje, as mulheres de trinta anos, amanhã, as de cinquenta (houve até mesmo as de sessenta), depois de amanhã, as cloróticas, em Claës, as disformes etc.». E ousa acrescentar uma outra razão à voga rápida de Balzac por toda a França: «É a sua habilidade na escolha sucessiva dos lugares onde estabelece a sequência de suas narrativas». Mostrar-se-á ao viajante, numa das ruas de Saumur, a casa de Eugénie Grandet, em Douai, provavelmente, já se mostra a casa Claës. Com que doce orgulho deve ter sorrido o proprietário da Grenadière, por mais indulgente que seja esse bom filho da Touraine! Essa adulação endereçada a cada cidade em que o autor coloca seus personagens valem-lhe sua conquista. E, ao falar de Musset, que diz gostar de doces e de rosas etc.»:[74] «Quando se gostou de tantas coisas...» [**Faz parte das coisas que ele gostava de dizer, e disse o mesmo de Chateaubriand**], nós o compreendemos. Mas, que ele pareça prejudicar Balzac por conta da imensidão de seu propósito, pela multiplicidade de seus quadros, que ele chama de mistura aterradora: «Retire...» (*Portraits contemporains*, p. 341). Ora, está justamente aí a grandeza da obra de Balzac. Sainte-Beuve disse que ele se lançou sobre o século XIX

---

74  Completar com um verbo como «declara».

como sobre seu tema, que a sociedade é mulher, que ela queria o seu pintor, que ele o foi, que ele nada teve da tradição ao pintá-la, que ele renovou os procedimentos e os artifícios do pincel ao modo dessa ambiciosa e coquete sociedade que fazia questão de não se medir às demais em modismo ou aspecto. Ora, Balzac não se propôs a essa simples pintura, ao menos, não no sentido simples de pintar retratos fiéis. Seus livros resultavam de belas ideias, ideias de belas pinturas, por assim dizer, pois ele amiúde concebia uma arte sob a forma de outra, mas, então com um belo efeito de pintura, uma bela ideia de pintura. Como ele via, num efeito de pintura, uma bela ideia, da mesma maneira, ele conseguia ver, numa ideia de livro, um belo efeito. Representava para si mesmo um quadro onde há alguma originalidade assombrosa e que encantará. Imaginemos, hoje, um literato a quem viesse a ideia de tratar vinte vezes, com diversas luzes, o mesmo tema, e que teria a sensação de fazer algo de profundo, sutil, poderoso, esmagador, original, assombroso, como as cinquenta catedrais ou os quarenta nenúfares de Monet. Amador apaixonado por pintura, ele sentia, por vezes, alegria ao pensar que também ele tinha uma bela ideia de quadro, de um quadro de que todos falariam. Mas não passava de ideia, uma ideia dominante, e não uma pintura não preconcebida, como o quer Sainte-Beuve. Desse ponto de vista, o próprio Flaubert tinha menos uma ideia preconcebida do que ele. Cor de *Salambô, Bovary*. Início de um assunto que não é de seu agrado, pega qualquer tema para trabalhar. Mas todos os grandes escritores se encontram nalgum ponto, e são como que diferentes momentos, por vezes contraditórios, de um único homem de gênio, que viveria enquanto houver humanidade. Flaubert encontra Balzac quando diz: «Preciso de um fim esplêndido para Félicité».[75]

Essa realidade segundo a vida dos romances de Balzac faz com que eles nos deem uma espécie de valor literário a mil coisas da vida, que até então pareciam-nos por demais contingentes. Mas é justamente a lei dessas contingências que sua obra manifesta. Não voltemos a falar dos eventos, dos personagens balzacianos. Nós dois[76] nunca dizemos, não é mesmo?, a não ser coisas que os outros não disseram. Mas, por exemplo, uma mulher de má vida, que leu Balzac e que, num lugar onde não é conhecida, sente um amor sincero que lhe é retribuído; ou então, estendendo a situação, um homem que tem um passado ruim, ou uma reputação política ruim, por exemplo, e que, num lugar onde não é conhecido, forma doces amizades, vê-se rodeado de relações agradáveis e pensa que, em breve, quando essas pessoas lhe perguntarem quem ele é, poderão, talvez, afastar-se dele, e busca meios de evitar a tempestade. Nas estradas desse local de repouso, que ele vai deixar e onde logo chegarão,

---

75  A empregada de *Um coração simples*.

76  Marcel continua conversando com a mãe.

talvez, incômodas informações sobre ele, ele passeia solitário uma melancolia inquieta, mas não desprovida de encantos, pois ele leu *Os segredos da princesa de Cadignan*, sabe que participa de uma situação, de certo modo, literária, e que, por isso, adquire alguma beleza. À sua inquietação, enquanto o carro o leva pelas estradas outonais rumo a amigos ainda confiantes, miscui-se um encanto que não teria a tristeza do amor se não existisse poesia. Ainda mais porque, se esses crimes que lhe são imputados forem imaginários, ele está ansioso pela hora em que seus fiéis de Arthez[77] receberão o batismo de lama, de Rastignac e de Marsay. A verdade um tanto contingente e individual das situações, como, por exemplo, a de Rastignac casando-se com a filha de sua amante, Delphine de Nucingen, ou[78] de Lucien de Rubempré preso na véspera de seu casamento com Mlle. de Grandlieu, ou de Vautrin, ao herdar de Lucien de Rubempré, a quem queria tornar rico, como a fortuna dos [Lanty],[79] fundada

........................................................

77 Tal é o texto do Ms: «Talvez devamos compreender: onde os personagens de Balzac que, ao iniciarem a vida, tão puros quanto Arthez, receberão... O próprio Marsay, aos dezessete anos, foi capaz de um amor sincero.»

78 Proust escrevera antes: «... De Nucingen é surpreendente». O acréscimo que vai de «ou de Lucien» a «dos deveres» ficou, ao que parece, inacabado.

79 Proust deixou o nome dessa família em branco. Cf. *Sarrasine*.

sobre o amor do cardeal por um castrato, o velhote ao qual cada um presta deveres, [...] é espantosa. Há outras mais profundas, como Paquita Valdès, ao amar precisamente o homem que se parece com a mulher com a qual ela mora,[80] como Vautrin sustentando a mulher que pode ver, todos os dias, o seu Sallenauve, seu filho; Como Sallenauve, ao casar [ ].[81] Aqui, sob a ação aparente e exterior do drama, circulam misteriosas leis da carne e do sentimento.[82]

---

80  Henri de Marsay parece com a meia-irmã, a marquesa de San Réal. Paquita Valdès, «a menina dos olhos de ouro», que só conheceu o amor com essa marquesa, apaixona-se por Henri. A marquesa a mata.

81  De «como Vautrin» a «ao casar-se com», seguido de uma lacuna, Proust se refere não mais a uma obra de Balzac, mas à interminável sequência do *Deputado de Arcis*, publicada após a morte do romancista, pelo jornalista Charles Rabou. Ela compreendia treze volumes, cinco dos quais foram editados em 1855, sob o título *Le Comte de Sallenauve*.

82  Aqui encontram-se no Ms algumas linhas pouco legíveis: «Clássico no final de *Ilusões perdidas*. Tradição. Concubinagem. Sainte-Beuve tem aqui palavras agradáveis: «O alquimista que não conhece todo o segredo», mas ele nos [?] fala também de «pinturas finamente retocadas, inícios felizes fáceis [?]». Ele ainda tem suas ideias de diletantismo (Steinbock) e de antiguidade («concubinagem com a Musa»). A única coisa...». Cf, p. 225, n.1 e p. 278, n. 3.

A única coisa que assusta um pouco nessa interpretação de sua obra é que, justamente, ele nunca falou dessas coisas. Em sua correspondência, em que diz, do mais reles livro, que ele é sublime, ele fala com o maior desdém da *Menina dos olhos de ouro*, e sequer uma palavra sobre o final das *Ilusões perdidas*, sobre a admirável cena de que falei. O caráter de Ève,[83] que é-nos insignificante, a ele, ao que tudo indica, parece uma grande descoberta. Mas tudo isso pode dever-se ao acaso das cartas que temos, e até àquelas que ele escrevia.

Sainte-Beuve, com Balzac, faz como sempre. Em vez de falar da mulher de trinta anos de Balzac, fala da mulher de trinta anos fora de Balzac (citar o trecho sobre «o Baile das Mães»,[84] e, depois de algumas palavras acerca de Balthazar Claës (de *A busca do absoluto*), fala de um Claës da vida real, que, justamente, deixou uma obra sobre sua própria «busca do absoluto» e faz longas citações desse opúsculo, naturalmente, desprovido de valor literário. Do alto de sua falsa e perniciosa ideia de diletantismo literário, ele julga erroneamente a severidade de Balzac quanto a Steinbock em *A prima Bette*, simples amador que não realiza, não produz, não compreende que é preciso dar-se por inteiro à arte para ser artista. A esse respeito, Sainte-Beuve ergue-se com dignidade melindrada

---

83   Ève Chardon que se casa com David Séchard (*Ilusões perdidas*).

84   Ver *Causeries du Lundi*, II, p. 348.

contra as expressões de Balzac, que diz: «Homero... vivia em concubinagem com a Musa».[85] Talvez o termo não seja muito feliz. Mas, em realidade, não pode haver interpretação das obras-primas do passado se não as considerarmos do ponto de vista de quem as escreveu, e não de fora, a uma distância respeitosa, com deferência acadêmica. Que as condições exteriores da produção literária tenham mudado no decorrer do século passado, que o ofício do homem de letras tenha se tornado algo mais absorvente e exclusivo, é possível. Mas as leis interiores, mentais, dessa produção, não podem ter mudado.[86] Um escritor que tivesse, em certos momentos, gênio *no intuito de* poder passar, o resto do tempo, uma vida agradável, de diletantismo mundano e letrado, é uma concepção tão equivocada e ingênua quanto a de um santo que tenha uma vida moral mais elevada a fim de poder levar, no paraíso, uma vida de prazeres vulgares. Estamos mais próximos de compreender os grandes homens da antiguidade, compreendendo-os como Balzac, do que compreendendo-os como Sainte-Beuve. O diletantismo nunca criou nada. O próprio

---

85  Cf. nota 28 do capítulo «O método de Sainte-Beuve».

86  Proust colocou aqui uma nota cujas últimas palavras são ilegíveis: «Citar Sainte-Beuve sobre Littré et Bataille...». O artigo de Sainte-Beuve sobre Littré está no tomo V de *Nouveaux Lundis*.

Homero devia estar mais perto de Balzac do que dos srs. Daru ou Molé.

Balzac, naturalmente, como os outros romancistas, e mais que eles, teve um público de leitores que não buscavam nos seus romances uma obra literária, mas um simples interesse de imaginação e observação. Para eles, os defeitos do seu estilo não os detinha; mas sim, suas qualidades e sua busca. Na pequena biblioteca do segundo andar, onde, aos domingos, o sr. de Guermantes corre para se refugiar ao primeiro toque de campainha dos convidados de sua mulher, e onde lhe trazem seu licor e seus biscoitos na hora do lanche, ele possui toda a obra de Balzac, de capa de couro de vitelo dourada, com etiqueta de couro verde, feita por Mme. Béchet ou Werdet,[87] editores aos quais escreve para anunciar-lhes o esforço sobre-humano que fará, de enviar-lhes cinco cadernos em vez de três, de uma obra que está causando o maior alarde, e pelos quais ele requer, em troca, um acréscimo de preço. Amiúde, quando eu vinha ver Mme. de Guermantes, quando ela sentia que seus convidados entediavam-me, ela dizia: «Queres subir para cumprimentar

---

87 As *Cenas da vida privada* e *da vida parisiense* foram publicadas em 1834 e 1835 pela Veuve [viúva] Ch. Béchet; os dois primeiros tomos das *Cenas da vida provinciana* foram publicados também em 1834, por ela, e os dois seguintes, em 1837, por Werdet. Werdet editou, igualmente, os *Estudos filosóficos* (1835-1836) e o *Livro místico* (1835).

Henri? Ele diz que não está, mas, em se tratando de sua pessoa, ficaria encantado em vê-lo» (deitando abaixo, assim, de pronto, as mil precauções tomadas pelo sr. de Guermantes para que não soubessem que ele estava em casa e para que não fosse considerado indelicado por não receber ninguém). «Pede que o levem à biblioteca do segundo andar, o encontrarás lendo Balzac». «Ah, em se tratando de Balzac, se deres trela a meu marido!, dizia quase sempre, como quem se assusta e admira, como se Balzac fosse, simultaneamente, um contratempo que impedisse de sair pontualmente, e uma espécie de favor característico ao sr. de Guermantes, que ele não agraciava a qualquer um, e com o qual eu deveria sentir-me feliz e honrado.

[*Mme. de Guermantes[88] explicava às pessoas que não sabiam: «É que meu marido, vejam só, quando o deixam falar de Balzac, é como o estereoscópio; ele lhe dirá de onde vem cada fotografia, o país que representa; não sei como ele consegue lembrar de tudo isso, embora seja bem diferente de Balzac; não entendo como ele consegue dar conta de coisas tão diferentes». Uma parente desagradável, a baronesa des Tapes,[89] assumia sempre, nessa hora, uma expressão glacial, um ar de não estar ouvindo, de estar

---

88 Esse parágrafo completa o trecho precedente e está isolado na p. 32 do Caderno I.

89 Nome pouco legível.

ausente e, ainda assim, reclamar – pois ela estimava que Pauline prestava-se ao ridículo e mostrava-se sem tato ao dizer isso. O sr. de Guermantes «dava conta», com efeito, de muitas aventuras que eram, talvez, cansativas e que poderiam ter chamado mais atenção da esposa do que a leitura de Balzac e o manuseio do estereoscópio.]

A bem da verdade, eu estava entre os privilegiados, já que bastava que eu estivesse na casa para consentir[90] em mostrar o estereoscópio.[91] Esse estereoscópio continha fotografias da Austrália, que não sei quem havia trazido para o sr. de Guermantes, mas mesmo que ele as tivesse tirado, em pessoa, diante de locais que ele tivesse sido o primeiro a explorar, desbravar e colonizar, o fato de «mostrar o estereoscópio» não teria parecido uma comunicação mais preciosa, mais direta e mais difícil de se obter dos conhecimentos do sr. de Guermantes. Certamente, se, na casa de Victor Hugo, um conviva desejasse, depois do jantar, que ele fizesse uma leitura de um drama inédito, não sentiria tanta timidez diante da enormidade de sua proposta, quanto um audaz que pedisse, na casa dos Guermantes que, depois do jantar, o conde mostrasse o estereoscópio. Mme. de

---

90 Ou seja, «para que ele consentisse».

91 O pai de Bloch (*Em busca do tempo perdido*, v. I) sucederá o conde no manuseio do estereoscópio.

Guermantes levantava os braços ao alto como quem diz: «O senhor está lhe pedindo demais!». E, em certos dias especiais, quando se queria homenagear de maneira especial algum convidado, ou retribuir algum serviço que não se esquece, a condessa murmurava com ar intimidado, confidencial e maravilhado, como que não ousando encorajar, sem ter certeza absoluta, ou esperanças demasiadamente grandes, mas sentíamos que, até mesmo para dizê-lo dubitativamente, era preciso que ela estivesse certa: «Creio que depois do jantar, o Senhor de Guermantes mostrará o estereoscópio». E, se o sr. de Guermantes o mostrasse a mim, ela dizia: «Pois então! Por esse jovem, vocês estão vendo, não sei o que meu marido não faria». E as pessoas presentes olhavam-me com inveja, e uma certa prima pobre de Villeparisis, que gostava muito de bajular os Guermantes, dizia, em tom de afetação maldosa: «Mas o senhor não é o único, lembro-me muito bem que meu primo mostrou o estereoscópio a mim, há dois anos, não se lembram? Ah, mas eu não esqueço essas coisas, sinto muito orgulho!». Porém, a prima não tinha permissão para subir até a biblioteca do segundo andar.[92]

........................................................

92　Uma remissão do Ms indica que «O cômodo era fresco...» (p. 30) deve vir logo após «do segundo andar». Proust sacrificou, assim, um parágrafo que se seguia a «do segundo andar»: «Por discreção, eu não costumava 'dar trela' ao sr. de Guermantes, falando de Balzac, mas quando o marquês o visitava, eles conversavam

O cômodo era fresco pois os postigos viviam fechados, assim como as janelas, se estivesse muito quente do lado de fora. Quando chovia, a janela ficava aberta; ouvia-se a chuva escorrer nas árvores, mas, mesmo quando passava, o conde não abria os postigos, por medo de que pudessem vê-lo de baixo e saber que ele estava em casa. Se eu me aproximasse da janela, puxava-me rapidamente: «Cuidado para que não te vejam, vão descobrir que eu estou», sem saber que a esposa havia dito diante de todos: «Sobe, então, ao segundo andar e vai ver meu marido». Não digo que o barulho da chuva caindo pelo vidro da janela[93] inspirasse nele o perfume tênue, interminável e gelado [que] Chopin [*Chopin,[94] **grande artista doentio, sensível, egoísta e dândi, que despeja, num**

---

sobre ele, porque era de seu tempo, e porque o tinham na biblioteca do pai, justamente aquela que estava na casa do conde. Os romances de que falavam não eram os de que nós mais gostamos, mas *O baile de Sceaux*, que ele considerava [*sic*] «encantador», assim como *O lírio do vale*, aliás, e *O contrato de casamento*, a que se referia pelo seu primeiro título, *La Fleur des pois* [A Nata da Sociedade]. O essencial desse parágrafo será retomado mais adiante no texto.

93 No Ms (p. 30, verso), a frase continua assim: «... a janela fizesse nascer, nele, sobre o sofá da biblioteca...», mas ficou inacabada. A verdadeira sequência («inspirasse nele») encontra-se na p. 31, em frente ao texto.

94 Parágrafo que se encontra no Ms, p. 31, diante da p. 30, verso.

átimo, em sua música, aspectos sucessivos e contrastados de uma disposição íntima, que muda incessantemente e não é, porém, mais que um momento suavemente progressivo sem que o venha interromper, contrariando-a e justapondo-se a ela, uma outra, diferente, mas sempre com sonoridade íntima doentia, e voltada sobre mim mesmo, nos frenesis de ação, sempre com sensibilidade e nunca com coração, frequentemente com ímpetos furiosos, nunca a tranquilidade, a doçura, a fusão a algo que não a si mesmo, de Schumann.] esticou, até o fim, a substância frágil e preciosa em sua célebre peça *A chuva*, peça que clareia, sozinha, essa luminosidade fraca que significa que o tempo estará coberto o dia todo, e que só o movimento aristocrático de uma mulher agita e faz estremecer, [ela, que] veio chorar no quarto de lareira apagada, e que puxa sobre os ombros a polonesa,[95] que não faz mais que aumentar o toque frio,[96] sem ter

---

95 Trata-se de veste feminina drapeada, comum no final do século XVIII, além de fazer alusão a uma peça de Chopin. [N. T.]

96 Encontra-se na parte inferior da p. 31, à direita, uma outra versão desse trecho: «... e que se sente enfraquecer e gelar como se cada gota d'água, cada lágrima fosse uma gota de seu sangue que se esvaísse. Música suave como o olhar de uma mulher que vê que o céu estará nublado por todo o dia, e cujo único movimento é como o gesto da mão que, no cômodo

a coragem, nessa anestesia de todas as coisas das quais participa, de se levantar, de ir dizer no quarto ao lado a palavra de reconciliação, de ação, de calor e de vida, e que deixa sua vontade enfraquecer, e seu corpo gelar a cada segundo, como se cada lágrima que ela retém, cada segundo que passa, cada gota de chuva que cai, fosse uma das gotas de seu sangue que escapasse, deixando-a mais fraca, mais gelada, mais preciosa, mais sensível à suavidade doentia do dia.

Aliás,[97] a chuva que cai nas árvores em que as corolas e as folhas, do lado de fora, parecem com a certeza e a promessa indestrutível e florida do sol e do calor que logo vai retornar, chuva que não é mais que o barulho de uma rega um pouco longa a que se assiste sem tristeza. Mas, fosse porque ele entrasse assim, pela janela aberta, fosse porque nas ardentes tardes ensolaradas, ouvimos ao longe uma música militar ou de festa popular, como uma moldura brilhante ao calor empoeirado, ele[98] gostava certamente de ficar na biblioteca, a partir do momento em que, ao chegar

---

úmido, segura frouxamente uma estola de pele preciosa *sobre o corpo trêmulo que, antes, ela esfria*». Essas últimas palavras foram riscadas.

97 Esse parágrafo encontra-se na p. 30 do Ms, e parece ser uma versão passada a limpo de outra, muito rasurada, à p. 31.

98 O conde de Guermantes que o leitor perdeu um pouco de vista ao longo das adições e digressões que precedem.

e fechar os postigos, expulsava o sol que se esticava sobre o sofá e sobre o velho mapa real do Anjou, pendurado acima, com ar de dizer-lhe: «Sai daí, esse lugar é meu», até o momento em que pedia que lhe trouxessem seus pertences e mandava avisar ao cocheiro que atrelasse [a carruagem].[99]

Às vezes, o marquês vinha ver o irmão; nesse caso, eles «ficavam de trela» sobre Balzac, pois era uma leitura de seu tempo, eles haviam lido esses livros na biblioteca do pai, precisamente aquela que estava, agora, na casa do conde, que a herdara. Seu gosto por Balzac havia guardado, em sua ingenuidade primeva, as preferências dos leitores de então, antes que Balzac se [tornasse][100] um grande escritor e, como tal, submetido às variações do gosto literário. Quando alguém mencionava Balzac, se fosse uma *persona grata*, o conde citava alguns títulos, e não eram dos romances de Balzac que nós mais admiramos. Ele dizia: «Ah, Balzac! Balzac! Seria preciso ter tempo! *O baile de Sceaux*, por exemplo! Lestes *O baile de Sceaux*? É encantador!». É verdade que dizia o mesmo do *Lírio do vale*: «Mme. de Mortsauf! Não lestes tudo isso, não é? Charles (dirigindo-se ao irmão),

---

99 Na edição de 1954, lemos aqui dois longos trechos tomados ao Caderno V (p. 39-36, verso e 41-38), esboços de passagens de *Em busca do tempo perdido*, em que não se encontra qualquer alusão a Balzac ou a Sainte-Beuve.

100 Palavra ilegível.

Mme. de Mortsauf, *O lírio do vale*, é encantador!» Ele também falava do *Contrato de casamento*, a que se referia pelo seu primeiro título, *La Fleur des pois* [A Nata da Sociedade], e também da *Casa do gato que brinca*. Nos dias em que estava totalmente enfronhado em Balzac, ele também citava [obras] que, a bem da verdade, não são de Balzac, mas de Roger de Beauvoir e de Céleste de Chabrillan. Mas, em sua defesa, é preciso dizer que a pequena biblioteca, aonde iam levar-lhe licor e biscoitos,[101] era guarnecida tanto de obras de Balzac, Alphonse Karr, Céleste de Chabrillan, Roger de Beauvoir e Alexandre Duval, todos encadernados de modo semelhante. Quando os abríamos, e o mesmo papel fino coberto de grandes letras nos apresentavam o nome da heroína, absolutamente como se fosse ela própria que se nos apresentasse sob essa aparência portativa e confortável, acompanhada de um ligeiro odor de cola, poeira e velhice, que era como que a emanação de seu encanto, era bem difícil estabelecer entre esses livros uma pretensa divisão literária, que repousasse artificialmente sobre

---

101 Ms: «biscoitos, onde nos domingos de verão, o barulho de uma música de festa popular ou militar fazia [as vezes de] uma moldura brilhante ao dia empoeirado, e em que nos dias de chuva, pela janela aberta, se não houvesse ninguém que pudesse vê-lo de baixo, ele recebia saudações do álamo açoitado pelo vento, que fazia sua reverência três vezes por minuto, era guarnecida...» (ver acima).

ideias estranhas tanto ao tema dos romances quanto à aparência dos volumes. E Blance de Mortsauf e[102] usavam, para se endereçar a nós, letras de uma clareza tão persuasiva (o único esforço que tínhamos a fazer para segui-los era o de virar esse papel que a velhice tornara transparente e dourado, mas que mantinha o toque sedoso de uma musseline) que era impossível crer[103] que o contador [da história] não fosse o mesmo, e que [não] houvesse um parentesco muito mais estreito entre *Eugénie Grandet* e *A duquesa de Mers*, do que entre *Eugénie Grandet* e um romance de Balzac que custasse um franco.

Porém, se o sr. de Guermantes achava «encantadoras», quer dizer, em realidade, recreativas e desprovidas de verdade, a «grande mudança de vida», as histórias de René Longueville ou de Félix de Vandenesse, ele também apreciava em Balzac, não raro, por contraste, a exatidão da observação: «A vida dos advogados, um estudo é exatamente isso; tive que lidar com essa gente; é exatamente isso. *César Birotteau* e *Os empregados*!».

Uma pessoa que não partilhava sua opinião e que também te cito aqui porque é outro tipo de leitor de Balzac, era a marquesa de Villeparisis.[104] Ela negava a exatidão de seus quadros: «Esse senhor nos diz: vou fazer

........................................................................................

102 O nome permaneceu em branco.

103 Ms: «de não crer».

104 Seria essa marquesa a «prima pobre» de mesmo nome que já apareceu antes?

falar um advogado. Nunca um advogado falou assim». Mas, sobretudo, ela não podia admitir que ele pudesse ter pretendido pintar a sociedade: «Primeiramente, ele não participou dela, não era recebido, o que poderia dela saber? No final da vida, conhecia Mme. de Castries, mas não haveria de ser na casa dela que poderia ver alguma coisa, ela não tinha meios para tal. Certa vez, recém-casada, vi-o lá, era um homem muito comum, que só disse coisas insignificantes, e eu não quis que me apresentassem a ele. Eu[105] não sei como, no final da vida, ele encontrou um modo de casar com uma polonesa de boa família, um pouco parente de nossos primos Czartoryski. Toda a família ficou amuada e garanto-lhe que ficam constrangidos quando se fala no assunto. No mais, acabou tudo muito mal. E ele morreu quase imediatamente». E, baixando os olhos, com uma expressão embirrada, sobre seu xale de lã: «Até ouvi umas coisas feias a esse respeito. É sério quando dizes que ele deveria estar *na Academia*? (como se diz *no Jockey*). Primeiramente, ele não possuía «bagagem» para tal. E depois, na Academia, há uma *seleção*. Já Sainte-Beuve, esse sim, é um homem encantador, fino, de boa companhia; ficava adequadamente em seu lugar e só o víamos quando queríamos.

---

105 De «Não sei...» a «... seleção» inserimos, de acordo com indicações do próprio Proust, no texto da p. 27, verso, um trecho que se encontra em frente a ele, na p. 28.

Totalmente diferente de Balzac. E além disso, ele, pelo menos, foi a Champlâtreux,[106] poderia ter contado coisas sobre a sociedade. Mas evitava fazê-lo porque era um homem de boa companhia. De resto, esse Balzac era um homem mau. Não há bom sentimento no que ele escreve, não há boas naturezas. É sempre desagradável de ler, ele só vê, sempre, o lado ruim de tudo. Sempre o mal. Mesmo quando retrata um pobre cura, é preciso que ele seja infeliz, que todos estejam contra ele. – Tia, a senhora não pode negar, dizia o conde diante da audiência entusiasmada por assistir a uma justa tão interessante, e que se acotovelava para ver a marquesa «tomando a dianteira», que o cura de Tours ao qual a senhora faz alusão é bem retratado. Essa vida de província, é bem assim! – Mas, justamente, dizia a marquesa, e esse era um de seus argumentos favoritos e o juízo universal que aplicava a todas as produções literárias, no que pode interessar-me ver reproduzidas coisas que conheço tão bem quanto ele? Dizem-me: a vida da província é assim mesmo. Certamente; mas eu a conheço, vivi no interior, então, onde está o interesse disso?». E orgulhava-se tanto desse raciocínio, do qual fazia muita questão, que um sorriso de altivez vinha brilhar em seus olhos, que ela voltava às pessoas presentes, e, [para] colocar um fim à tempestade, acrescentava: «Pensarão que sou bem tola, mas

---

106 O castelo de Molé, perto de Luzarches.

confesso [que] quando leio um livro, tenho a fraqueza de gostar que ele me ensine alguma coisa». As pessoas levavam dois meses contando, até na casa das primas mais afastadas da condessa, que nesse dia, na residência dos Guermantes, a conversa fora das mais interessantes.

Pois, para um escritor, quando lê um livro, a exatidão da observação social, o *parti pris* de pessimismo, ou de otimismo, são condições prévias que ele não discute, que ele sequer percebe. Mas, para os leitores «inteligentes», o fato de que [o livro] seja «equivocado» ou «triste», é como um defeito pessoal do escritor, que se surpreendem e até se encantam de encontrar, e, mesmo que exagerado a cada volume seu, como se ele não pudesse se corrigir, o que acaba por dar-lhe, aos olhos desses leitores, o caráter antipático de uma pessoa sem capacidade de julgamento ou que tende a ideias sombrias e que é melhor não frequentar, tanto que a cada vez que o livreiro lhes apresenta um Balzac ou um Eliot, eles respondem afastando-o com um gesto da mão: «Ah, não, é sempre falso, ou sombrio, o último mais ainda do que os outros, não quero mais saber dele».

Quanto à condessa, quando o conde dizia: «Ah, Balzac! Balzac! Seria preciso ter tempo, a senhora leu *A duquesa de Mers*?,»[107] ela dizia: «Não gosto de Balzac, acho-o exagerado».

---

107 É desnecessário dizer que *A duquesa de Mers* não é de Balzac.

De uma maneira geral, ela não gostava das pessoas «que exageram» e que, por isso, parecem uma condenação para aqueles que, como ela, não exageram, pessoas que dão gorjetas «exageradas», que fazem as suas próprias parecerem extremamente mesquinhas, pessoas que tivessem pela morte de um ente querido mais que uma tristeza habitual, pessoas que, para um amigo em dificuldade, faziam mais do que se faz de costume, ou que iam a uma exposição expressamente para ver um quadro que não era um retrato de um amigo, ou o que «se deve ver». Para ela, que não era exagerada, quando lhe perguntavam se, na exposição, ela vira tal quadro, ela respondia simplesmente «Se era para se ver, eu o vi».[108]

---

108 O trecho que começou na p. 54, verso, do Caderno I acaba aqui, incompleto, na p. 24, verso, do mesmo Caderno. Depois de «eu o vi», lê-se esse início de frase: «A pessoa que a família sobre a qual Balzac mais teve influência foi o marquês...». (Cf. a primeira frase do fragmento citado abaixo.)

# [Notas complementares] [1]

Notar o seguinte (quando digo que Balzac exulta de admiração pelas palavras de seus personagens, ou seja, por si mesmo, não sei bem em que página falo disso):[2] por vezes, não é diretamente que Balzac exprime essa admiração, que as mais simples palavras lhe inspiram. Ele confia a expressão dessa admiração aos personagens em cena. Há uma novela de Balzac, muito famosa, chamada *Outro estudo de mulher*. Composta de duas narrativas que não exigiriam grande figuração, mas quase todos os personagens de Balzac estão dispostos em torno dos narradores como nesses «*à-propos*», essas «cerimônias» que a Comédie-Française realiza por ocasião de um aniversário, de um centenário. Cada qual possui sua réplica, assim como todos os diálogos dos mortos, em que se pretende representar toda uma época.

---

1    Esses fragmentos independentes completam sob certos aspectos o trecho que acabamos de ler. Nós os tomamos aos Cadernos I, IV e V. O primeiro encontra-se no Caderno I, p. 51, de cabeça para baixo.

2    O estado atual do Ms não permite identificar com segurança o trecho ao qual Proust remete, aqui.

A cada instante, surge novo [personagem]. De Marsay começa a sua narrativa explicando que o homem de Estado é uma espécie de monstro de sangue-frio. «O senhor[3] nos está explicando por que o homem de Estado é tão raro na França», diz o velho lorde Dudley. Marsay continua: «Ele se tornou um monstro graças a uma mulher». «Eu pensava que nós desfazíamos muito mais política do que fazíamos [política]», diz Mme. de Montcornet, sorrindo. «Se for uma aventura de amor, diz a baronesa de Nucingen, peço que não a interrompam com reflexões.» «A reflexão é tão contrária a ela», exclama Joseph Bridau... «Ele não quis jantar», diz Mme. de Sérizy. «Oh! Dê-nos a honra de suas horríveis sentenças», diz Mme. de Camps, sorrindo. E, um por vez, a princesa de Cadignan, lady Barimore, a marquesa d'Espard, Mlle. des Touches, Mme. de Vandenesse, Blondet, Daniel d'Arthez, o marquês de Montribeau, o conde Adam Laginski etc., vêm sucessivamente dizer sua fala, como os societários[4] desfilando no aniversário de Molière, diante do busto do poeta, depositando uma folha de palma. Ora, esse público reunido um pouco artificialmente é, para Balzac, tanto mais

........................................................................

3    Essa citação e todas as que se seguem são mais ou menos textuais (*Outro estudo de mulher*, VII).

4    Os societários da Comédie-Française são escolhidos entre atores da companhia desde o século XVII. [N. T.]

porque Balzac é seu intérprete, um público excessivamente bom. De Masay tendo feito essa reflexão: «O amor único e verdadeiro produz uma espécie de apatia corporal em harmonia com a contemplação na qual se entra. O espírito complica tudo, então, altera-se sozinho, estabelece para si fantasias, na verdade, realidades, tormentos, e esse ciúme é tão encantador quanto incômodo», um ministro estrangeiro «sorri ao se lembrar, à luz da lembrança, da verdade dessa observação». Um pouco mais adiante, termina o retrato de uma de suas amantes por [uma] comparação que não é muito bonita, mas que deve agradar a Balzac, pois encontramos outra, análoga, em *Os segredos da princesa de Cadignan*: «Há sempre um maldito símio na mais bela e angélica das mulheres». Com essas palavras, diz Balzac, *todas as mulheres baixaram os olhos, como que magoadas com essa verdade cruel tão cruelmente observada.*[5] «Não lhe contarei nada sobre a noite nem sobre a semana que tive, retoma de Marsay; reconheci-me homem de Estado. – *Essa palavra foi tão bem dita* que todos deixamos escapar um gesto de admiração». De Marsay explica, em seguida, que sua amante apenas fingia amá-lo: «Ela não podia viver sem mim etc., enfim, fazia de mim o seu deus». «As mulheres que ouviram De Marsay pareceram ofendidas *ao se verem tão bem representadas.*» «A mulher

---

5 Em vez de «observada», Balzac (VII) escreveu «formulada».

*comme il faut* pode levar à calúnia, diz mais adiante de Marsay,[6] jamais à maledicência.» «Isso tudo é horrivelmente verdadeiro, diz a princesa Cadignan.» (É fato que essa última palavra pode se justificar pelo caráter peculiar da princesa de Cadignan.) Aliás, Balzac não nos deixou ignorar de antemão o deleite que iríamos saborear: «Somente em Paris abunda esse espírito peculiar... Paris, capital do gosto, é a única a conhecer essa ciência que transforma uma conversa numa justa... Engenhosas réplicas, observações finas, excelentes pilhérias, retratos desenhados com clareza brilhante, borbulharam e espocaram, foram *deliciosamente sentidas e delicadamente saboreadas*». (Vimos que, nesse ponto, Balzac estava certo.) Não estamos sempre tão dispostos à admiração quanto esse público. É verdade que não assistimos, como ele, à mímica do narrador, sem a qual, nos adverte Balzac, fica intraduzível «essa encantadora improvisação». Somos forçados a acreditar na palavra de Balzac quando nos diz que uma palavra de de Marsay «foi acompanhada de expressões faciais, poses de cabeça e gestos afetados que criavam ilusão» ou que «as mulheres não conseguiram conter o riso diante das afetações com as quais Blondet ilustrava seus gracejos».

6 Em Balzac (VII) a observação é feita por Émile Blondet.

Além disso, Balzac não quer[7] nos deixar ignorar, em absoluto, o sucesso obtido com essas palavras: «Essa exclamação natural que teve eco entre os convivas atiçou a curiosidade já sabiamente excitada... Essas palavras determinaram, em todos, esse movimento que os jornalistas assim retratam nos discursos parlamentares: Profunda sensação». Balzac pretenderia, com isso, retraçar-nos o sucesso obtido pela narrativa de de Marsay, o sucesso obtido por ele mesmo, Balzac, naquela festa a que não comparecemos? Cederia ele simplesmente à admiração que lhe inspiram os traços que escapam à sua pluma? Há, talvez, um pouco dos dois. Tenho um amigo, um dos raros autenticamente geniais que conheço, dotado de um magnífico orgulho balzaquiano. Ao repetir, para mim, uma conferência que ele fizera num teatro e à qual eu não pude assistir, ele se interrompia de tempos em tempos para bater palmas nos momentos em que o público havia aplaudido. Mas ele colocava tamanho furor, tamanha verve,[8] que acredito que, mais que me retratar fielmente a sessão, como Balzac, ele aplaudia a si mesmo.

---

7    Ms: «não quer não nos deixar ignorar, absolutamente».

8    Depois de «tamanha verve», há ainda, no Ms, três palavras, sendo a primeira ilegível («um tal»?).

Assim como[9] sua irmã, seu cunhado, sua mãe – sua mãe, com relação à qual, mesmo adorando-a, ele não possui, nem de longe, a comovente humildade desses grandes homens que, com relação às suas mães, permanecem, até o fim, filhos que esquecem, como ela esquece, que eles possuem gênio (ele diz: a mãe de um homem como eu [* **«Minha[10] pobre mãe acaba declarando que subordina seu carinho à minha conduta (uma mãe que decide gostar ou não, de um filho como eu!»). «Essa mãe escreve ao filho, que é David, ou Pradier, ou Ingres, uma carta em que o trata como um menino e lhe diz que ela o amará sob condição»**], e quando ele fala de seu carinho por ela, de sua humildade diante dela, é como quando ele retrata a natureza ideal, angélica de Mme. de Mortsauf, ele impele, exalta, anima esse ideal, mas o amálgama impuro permanece ainda assim; uma mulher ideal, para ele, é, afinal, uma mulher que teve o prazer de sentir os ombros enlaçados por um desconhecido, e que conhece e professa a política mundana; seus anjos são anjos de Rubens, com asas e pescoço descomunal)

---

9     Ms: Caderno I, p. 50. Os parênteses confundem um pouco essa frase. Deve-se compreender: Assim como sua irmã, seu genro, sua mãe... nos agradam, igualmente, seus quadros... também são...

10    Essa frase e a seguinte são tomadas à carta a Laure, de 22 de março de 1849.

agradam-nos, como personagens do romance que ele vive, *Um grande casamento* – assim como seus quadros, sejam os de sua «galeria», sejam os que vê em Wierzchownia e que, quase todos, devem ir para a rua Fortunée, aqueles quadros também são «personagens de romances»; cada qual é objeto de curtos históricos, anotações de amador, dessa admiração que logo se transforma em ilusão, absolutamente como se eles figurassem não na galeria de Balzac, mas nas de Pons ou de Claës, ou na simples biblioteca do abade Chapeloud,[11] nesses romances de Balzac em que há quadros e personagens, e o mais simples Coypel «não destoaria na mais bela galeria», assim como Bianchon é comparável aos Cuvier, aos Lamark, aos Geoffroy Saint-Hilaire

Bem[12] mostrar para Balzac (*A menina dos olhos de ouro, Sarrasine, A duquesa de Langeais* etc.) as lentas preparações, o tema que se amarra pouco a pouco, depois, o estrangulamento fulminante do final. E também a interpolação dos tempos (*A duquesa de Langeais, Sarrasine*), como num terreno onde as lavas de diferentes épocas se misturam.

Acrescentar[13] ao *verso de página seguinte*, ou alhures, enfim, nalgum lugar onde falarei da maneira como ele fala de seus personagens:

.......................................................................................

11 Personagem do *Cura de Tours*.

12 Ms: Caderno I, p. 45, verso.

13 Ms: Caderno I, p. 45, verso.

o mesmo quanto a nomeá-los de repente, e quando ainda se falou pouco deles, não pelos sobrenomes, seja a princesa de Cadignan («Certamente, Diane não parecia ter vinte e cinco anos.»),[14] Mme. de Sérizy («Ninguém teria conseguido seguir Léontine, ela voava.»),[15] ou Mme. de [Bartras][16] («'Bíblica?', respondeu Fifine surpresa»). Nessa familiaridade, vemos um pouco de vulgaridade, e não aquele esnobismo que levava Mme. de Nucingen a dizer «Clotilde» ao falar de Mlle. de Gandlieu, «para dar-se», diz Balzac, «ares de intimidade, como se ela, Goriot quando solteira, frequentasse essa sociedade».[17]

Sobre Balzac[18] dizer ainda (colocar isso no que está escrito): A vida de seus personagens é um efeito da arte de Balzac, mas provoca no autor uma satisfação que não é do domínio da arte. Ele fala deles como de personagens reais, até ilustres: «o célebre ministro de Marsay, o único grande homem de Estado produzido pela Revolução de Julho; o único por quem a França poderia ter sido salva» (verificar se essa última parte da frase [«o único homem por quem a França poderia ter sido salva»] encontra-se, de fato, em

---

14  Os segredos da princesa de Cadignan, XVI.

15  Esplendores e misérias das cortesãs, XVI.

16  Proust deixou o nome em branco.

17  Esplendores e misérias das cortesãs, XVI.

18  Ms: Caderno I, p. 44 (de cabeça para baixo).

*O deputado de Arcis*; se não, parar depois de «Revolução de Julho»),[19] ora com a complacência de um arrivista que não se contenta em ter belos quadros, mas que faz soar, constantemente, o nome do pintor e o preço que lhe pediram pela tela, ora com a ingenuidade de uma criança que, tendo batizado suas bonecas, confia-lhes uma existência verdadeira.

Diante desses traços, reconhecemos Balzac e sorrimos, não sem simpatia. Mas, por causa disso, todos os detalhes destinados a fazer os personagens do romance parecerem mais com pessoas reais, acabam surtindo efeito contrário. O personagem vivia, Balzac orgulha-se tanto, que cita, sem necessidade, o valor de seu dote, suas alianças com outros personagens da *Comédia humana*, que são, assim, considerados igualmente como reais, o que parece provocar-lhe um duplo efeito: «Mme. de Sérizy não era recebida lá, embora seu sobrenome de solteira fosse Ronquerolles».[20] Porém, como se vê a marca de Balzac, acredita-se um pouco menos na realidade desses Grandlieu que não recebiam Mme. de Sérizy.

---

19 Encontram-se, de fato, no *Deputado de Arcis* (XXI) os dois fragmentos da frase citada por Proust.

20 *Esplendores e misérias das cortesãs*, XVI. «... esse salão onde Mme. de Sérisy jamais conseguira ser admitida, embora nascida na família de Ronquerolles.»

Se a impressão da vitalidade do charlatão, do artista, é aumentada, isso ocorre às expensas da impressão de vida da obra de arte. Obra de arte, não obstante, e que, se ela se adultera um pouco com todos esses detalhes demasiadamente reais, com todo esse lado Museu Grévin, por outro, ela os puxa para si, faz com eles um pouco de arte. E como tudo isso se refere a uma época, mostra-lhe a veste externa, julga seu interior com grande inteligência, quando o interesse do romance se esgota, ele recomeça vida nova como documento de historiador. Assim como a *Eneida*, que, onde ela não tem nada a dizer aos poetas, pode apaixonar os mitólogos. Peyrade,[21] Félix de Vandenesse, muitos outros não nos pareciam muito ricos de vida. Albert Sorel[22] nos dirá que não é neles que se deve estudar a polícia do Consulado ou a política da Restauração. O próprio romance tira benefício disso. Nesse momento tão triste em que devemos deixar o personagem de um romance, momento que Balzac atrasou o quanto pôde fazendo-o ressurgir em outros, no momento em que ele vai se apagar e tonar-se mero sonho, como as pessoas que conhecemos durante uma viagem e que vamos deixar, fica-se sabendo que pegam o mesmo trem, que

---

21 Policial. Seu verdadeiro nome é de La Peyrade, mas ele prefere, simplesmente, Peyrade (*Um caso tenebroso, Esplendores e misérias das cortesãs...*).

22 Historiador francês (1842-1906).

poderemos reecontrá-las em Paris; Sorel nos diz: «Mas não, não se trata de sonho, estudem-nos, é verdade, é história».

Acrescentar[23] algures: Balzac é como essas pessoas que, ao ouvirem um senhor dizer «o Príncipe», referindo-se ao duque d'Aumale, «a senhora Duquesa», falando com uma duquesa, e, ao [vê-lo] colocar o chapéu no chão, num salão, antes de saber tratar-se de um príncipe: o Príncipe, quer ele se chame conde de Paris, príncipe de Joinville, ou duque de Chartres, e outras distinções usuais, disseram:[24] «Por que o senhor diz: o Príncipe, se ele é duque? Por que diz sra. Duquesa, como um serviçal etc.?». Mas, a partir do momento em que sabem que é esse o uso, acreditam que sempre o souberam, ou, caso se lembrem de haver feito essas objeções, nem por isso deixam de dar lição de moral aos outros, e sentem prazer ao explicar-lhes os usos da alta sociedade, usos que conhecem há pouco tempo. Seu tom peremptório de sábios recentes é precisamente o de Balzac, quando diz o que se faz e o que não se faz. Apresentação de d'Arthez à princesa de Cadignan: «A princesa não fez ao homem célebre qualquer dos cumprimentos com os

......................................................................

23  Ms: Caderno I, p. 42.

24  Ms: «disse». Colocamos no plural os singulares que seguem («ele sabe», «ele acredita», «ele se lembra»). Entretanto, está escrito no Ms «seus tons».

quais a assoberbavam as pessoas vulgares...
As pessoas cheias de gosto, como a princesa,
distinguem-se sobretudo por sua maneira
de ouvir... No jantar, d'Arthez foi colocado
perto da princesa, a qual, longe de imitar os
exageros de dieta que se permitem as afeta-
das, comeu etc.»[25] Apresentação de Félix de
Vandenesse a Mme. de Mortsauf: «Mme. de
Morsauf deu início a uma conversa sobre a
região, as colheitas... uma conversa à qual
eu era totalmente estranho. Para uma anfi-
triã, essa maneira de agir atesta uma falta de
educação etc. Porém, poucos meses depois,
entendi como era significativo etc.»[26] Aqui,
ao menos, o tom de certeza é explicável, pois
ele não faz mais que constatar os usos. Mas
ele manterá o mesmo [tom] quando emitir
juízos: «Na sociedade, ninguém se interessa
por um sofrimento, uma desgraça, tudo são
palavras» − ou dará interpretações: «O duque de Chaulieu veio encontrar em seu gabinete o duque de Grandlieu, que o aguardava:
'Então, Henri...' (esses dois duques não usavam os nomes de família entre si. Trata-se
de uma dessas nuances inventadas para marcar os graus de intimidade, afastar as inva-
sões da familiaridade francesa e humilhar os
amores-próprios)».[27] De resto, é preciso dizer que, como esses literatos neocristãos que
atribuem à Igreja, com relação aos escritos

---

25  *Os segredos da princesa de Cadignan*, XVI.

26  *O lírio do vale*, XXVI.

27  *Esplendores e misérias das cortesãs*, XVI.

dos literatos, um poder no qual os papas mais severos em termos de ortodoxia jamais pensaram, Balzac confere aos duques privilégios que Saint-Simon, que, porém, os tem em tão alta consideração, teria ficado deveras estupefato de os ver dotar: «O duque lançou sobre Mme. Camusot uma daquelas rápidas miradas com as quais os grandes senhores analisam toda uma existência, e não raro a alma... Ah! Se a mulher do juiz pudesse conhecer esse dom dos duques...».[28] Se, de fato, os duques do tempo de Balzac possuíam esse dom, é forçoso reconhecer que, como se costuma dizer, há algo de novo ar.

Acrescentar[29] algures: existem finas verdades colhidas na superfície da vida mundana, entretanto a um grau de generalidade bastante grande para que, depois de muito tempo, se possa dizer: como isso é verdadeiro! (em *Uma filha de Eva*, as duas irmãs, Mme. de Vandenesse e Mme. du Tillet, que fizeram casamentos tão diferentes e que, contudo, adoravam-se, e, em decorrência das revoluções, o cunhado sem nascimento, du Tillet, tornou-se Par [da França], enquanto Félix de Vandenesse deixou de sê-lo – e as duas cunhadas, a condessa e a marquesa de Vandenesse, que têm dissabores devido à similitude de nomes).

---

28  *Esplendores e misérias das cortesãs*, XVI (trata-se do duque de Grandlieu).

29  Ms: Caderno I, p. 42 (de cabeça para baixo).

Sainte-Beuve[30] condena Balzac por ter enaltecido o abade Troubert, que se torna, ao final, uma espécie de Richelieu etc.[31] Fez o mesmo quanto a Vautrin e tantos outros. Não é somente por admiração e enaltecimento desses personagens e [para] fazer-lhes o que há de melhor em seu gênero, como Bianchon ou Desplein são os equivalentes de Claude Bernard ou de Laennec, e o sr. de Grand-ville,[32] de d'Aguesseau. Não, é também em virtude de uma teoria cara a Balzac, sobre o grande homem ao qual faltou a grandeza das circunstâncias, e porque, em realidade, é esse, precisamente, o seu objeto de romancista: fazer uma história anônima, estudar certas personalidades históricas, tal como se apresentam fora do fator histórico que os leva à grandeza. Enquanto visão de Balzac, isso não choca. Mas, quando Lucien de Rubempré, no momento em que se mata, escreve a Vautrin: «Quando Deus quer, esses seres misteriosos são Moisés, Átila, Carlos Magno, Maomé ou Napoleão; mas quando ele deixa enferrujar, no fundo do oceano de uma

......................................................

30 Ms: Caderno I, p. 25ss.

31 «Ninguém duvida de que Troubert tivesse sido, noutros tempos, Hildebrandt ou Alexandre VI» (*O cura de Tours*, IX).

32 Advogado Geral e Presidente da Câmara sob o Império, Procurador Geral em Paris sob a Restauração, Par da França [da Câmara dos Pares, (N. D.)] sob Luis-Felipe. Ele aparece em vários romances de Balzac.

geração, esses instrumentos gigantescos, eles são meros Pougarcheff, Fouché, Louvel ou abade Carlos Herrera. Adeus, então, a você que, na boa via, teria sido mais que Ximenez, mais que Richelieu etc.»,[33] Lucien fala excessivamente como Balzac e deixa de ser uma pessoa real, diferente de todas as demais. O que, apesar da prodigiosa diversidade e identidade entre os personagens de Balzac, entretanto acontece, às vezes, por essa ou aquela razão. Por exemplo, quando, os tipos sendo em Balzac menos numerosos do que os indivíduos, sentimos que um [personagem] não é mais que um dos diferentes nomes de um mesmo tipo. Em certos momentos, Mme. de Langeais parece ser Mme. de Cadignan, ou Mme. de Mortsauf, Mme. de Bargeton.

O leitor[34] de Balzac sobre o qual sua influência mais se fez sentir foi a jovem marquesa de Cardaillec,[35] de sobrenome Forcheville quando solteira. Entre as propriedades de seu marido,[36] havia, em Alençon, o velho

---

33 *Esplendores e misérias das cortesãs*, XVI.

34 Ms: Caderno I, p. 20, verso.

35 A sequência nos leva a reconhecer nessa jovem marquesa uma primeira figura de Gilberte Swann, que se tornará Mlle. de Forcheville após o segundo casamento da mãe, e, depois, marquesa por seu próprio casamento. Nesse ponto do Ms, seu nome é «Cardaillier», mas ele se torna «Cardaillec» mais adiante.

36 Eis o que não se compreende: se essa jovem marquesa é «de sangue Swann», como terá por

palacete de Forcheville, com sua grande fachada dando para a praça, como no *Gabinete de antiguidades*, e seu jardim descendo até o Gracieuse,[37] como na *Solteirona*. O conde de Forcheville o deixara por conta dos jardineiros, não sentindo qualquer prazer a ir «enterrar-se» em Alençon. Mas a jovem marquesa voltou a abri-lo e lá passava algumas semanas todos os anos, com um grande encantamento que ela própria qualificava de balzaquiano. Ela trouxe do castelo de Forcheville, do sótão aonde haviam sido relegados como fora de moda, alguns velhos móveis herdados da avó do conde de Forcheville, que fora governanta dos filhos do duque de Provence, e alguns quadros retratando os Forcheville, alguns objetos ligados à história ou a alguma recordação ao mesmo tempo sentimental e aristocrática da família. Ela se tornara, com efeito, em Paris, uma dessas mulheres da sociedade aristocrática que gostam de sua casta com um gosto de alguma forma estético, e que estão[38] para a antiga nobreza assim como a plebe bretã ou normanda está para os circunspectos hospedeiros do Monte Saint-Michel ou de «Guilherme, o

---

sobrenome de solteira «Forcheville»? E se for o caso, como o palacete dos Forcheville pode contar entre «as propriedades de seu marido»?

37   O jardim de Mlle. Cormon, a «solteirona» de Balzac, fica no centro da de Alençon e desce até o Brillante (ou Briante), afluente do rio Sarthe.

38   Ms: «que está».

Conquistador», que[39] compreenderam que seu encanto residia, precisamente, na salvaguarda dessa antiguidade, encanto retrospectivo ao qual todas foram iniciadas pelos literatos enamorados do encanto que elas emanam, o que lança um duplo reflexo de literatura e de beleza contemporânea (embora restrito a uma raça) sobre esse esteticismo.

As fotografias mais belas entre as grandes damas de hoje estavam dispostas no palacete d'Alençon, sobre os consoles de carvalho antigo de Mlle. Cormon.[40] Mas elas faziam aquelas poses antigas, cheias de arte [tão bem] associadas, por obras-primas de arte e de literatura, às graças d'antanho, que apenas acrescentavam um encanto de arte a mais ao ambiente, onde, aliás, desde o vestíbulo, a presença dos serviçais, ou, no salão, a conversa dos donos da casa, eram, infelizmente, dos dias de hoje. Tanto que a pequena evocação do palacete de Alençon foi sobretudo balzaquiana para as pessoas com mais gosto do que imaginação, que sabiam ver, mas que não precisavam ver, e que de lá saíam maravilhadas. Porém, de minha parte, fiquei um pouco decepcionado. Quando soube que Mme. de Cardaillec residia em Alençon, no palacete de Mlle. Cormon ou de Mme. de

---

39    Esse relativo, como os precedentes, refere-se a «essas mulheres da sociedade aristocrática».

40    Ver nota 38.

Bargeton,[41] constatar que existia aquilo que eu via tão bem no meu pensamento, deu-me uma impressão forte demais para que os disparates da realidade pudessem reconstituí-la.

Devo, porém, dizer, para, finalmente, deixar Balzac, que Mme. de Cardaillec, como boa balzaquiana muito espirituosa, mostrava-o bem: «Se o senhor quiser, venha amanhã, comigo, a Forcheville, disse-me ela, e verá a impressão que produziremos na cidade. É o dia em que Mlle. Cormon atrela sua égua para ir a Prébaudet.[42] Por enquanto, sentemo-nos à mesa, o senhor vai comer um desses [   ][43] e, se tiver coragem de ficar até a noite, quando «recebo», não deixará a minha província sem ter visto, com seus próprios olhos, o sr. du Bousquier[44] e Mme. de Bargeton, e verá, em homenagem a todas essas pessoas, que será aceso o lustre, o que causou, como o senhor se recorda, tanta emoção a Lucien de Rubempré.»[45]

........................................................

41  O salão de Mme. de Bargeton era o mais brilhante de Angoulème.

42  *A solteirona*, X. «Quatro vezes ao ano, no início de cada estação, a senhorita Cormon ia passar certo número de dias em suas terra de Prébaudet.»

43  Proust deixou a palavra em branco.

44  No final de *A solteirona*, o sr. du Bousquier casa com Rose Cormon, e a torna muito infeliz.

45  Lucien, tendo chegado antes dos demais a uma recepção de Mme. de Bargeton, «não viu, sem terror, o pequeno lustre de velhos pingentes de cristal livre de sua gaze [...] Esses

As pessoas pouco a par viam nessa pia restituição desse passado aristocrático e provinciano um efeito do sangue Forcheville. Eu sabia tratar-se de um efeito do sangue Swann, de quem ela perdera a lembrança, mas a quem herdara a inteligência, o gosto, e até mesmo esse distanciamento intelectual tão completo da aristocracia (mesmo que tivesse algum apego utilitário por ela) para nela encontrar, como em algo estrangeiro, inútil e morto, um encanto estético.

---

preparativos anunciavam uma reunião extraordinária» (*Ilusões perdidas*, XI).

## Acrescentar[1] ao Balzac do Senhor de Guermantes

Devo confessar que compreendo o sr. de Guermantes, eu que, durante toda a infância, li, da mesma maneira, para quem *Colomba* foi, por tanto tempo «o livro em que não me deixavam ler a *Vénus de l'Ille*» («*deixavam*», quer dizer, tu!).[2] Esses livros em que lemos uma obra pela primeira vez são como o primeiro vestido em que vimos uma mulher; dizem-nos que esse livro era para nós, então, o que nós éramos para ele. Buscá-los é minha única maneira de ser bibliófilo. A edição em que li um livro pela primeira vez, a edição em que ele me deu uma impressão original, eis as únicas «primeiras» edições, as «edições originais» de que sou apreciador. Fora isso, basta-me lembrar-me desses livros. Suas velhas páginas são tão porosas à lembrança que eu teria medo de que eles também absorvessem as impressões de hoje e que eu não mais neles encontrasse as impressões de antigamente. Quero, sempre

---

1 Ms: Caderno IV, p. 49, verso.

2 Proust continua conversando com a mãe. «Vênus de l›Ille», assim como *Colomba*, é de Prosper Mérimée. [N. T.]

que eu lembrar, que eles se abram na página em que os fechei, perto da luminária ou sobre a poltrona de vime do jardim, quando papai me dizia: «Senta-te direito».

E, por vezes, pergunto-me se ainda hoje minha maneira de ler não se parece mais com a do sr. de Guermantes do que com a dos críticos contemporâneos. Uma obra ainda é, para mim, um todo vivo, do qual tomo conhecimento desde a primeira linha, que ouço sem deferência, ao qual dou razão enquanto estiver com ele, sem escolher, sem discutir. Quando vejo o sr. Faguet dizer nos seus *Essais de critique* que o primeiro volume do *Capitão Fracasso* é admirável e que o segundo é insípido,[3] que, no *Pai Goriot*, tudo o que se refere a Goriot é de primeira categoria, e que tudo o que se refere a Rastignac, de última, fico tão espantado como se ouvisse dizerem que os arredores de Combray eram feios do lado de Méséglise, mas belos do lado de Guermantes. Quando o sr. Faguet continua, dizendo que os apreciadores não leem *O Capitão Fracasso* além do primeiro volume, só posso lamentar pelos apreciadores, eu, que tanto amei o segundo, mas quando ele acrescenta que o primeiro volume foi escrito para os apreciadores e que o segundo, para os alunos da escola primária, minha dó pelos apreciadores transforma-se em desprezo

---

3 Encontraremos esse juízo de Faguet e os que se seguem no seu *Dix-neuvième siècle*, p. 299ss, 414, 413ss e 114.

[por] mim mesmo, pois descubro o quanto continuei sendo aluno de primário. Enfim, quando ele assume que é com o mais profundo enfado que Gautier escreveu esse segundo volume, fico bem espantado de que possa ter sido tão enfadonho escrever algo que, mais tarde, foi tão divertido ler.

O mesmo ocorre com Balzac, no qual Sainte-Beuve e Faguet fazem distinções e que destrincham, acham que o começo é admirável e que o fim não vale nada [**É muito tranquilizador quando Sainte-Beuve diz: «Quem retratou melhor as duquesas da Restauração?». O sr. Faguet debocha das duquesas e apela para o sr. Feuillet. Enfim, o sr. Blum, que gosta de estabelecer distinções, admira as duquesas, mas não enquanto duquesas da Restauração. Aqui, confesso, direi como Sainte-Beuve: «Quem lho disse? O que o senhor sabe sobre isso?» e, «nesse ponto, prefiro ater-me às pessoas que os conheceram», e... a Sainte-Beuve, primeiro que todos.].** O único progresso que pude fazer nesse ponto de vista, desde minha infância, e o único ponto em que, a bem dizer, distingo-me do sr. de Guermantes, é que esse mundo inalterável, esse bloco do qual nada podemos distrair, essa realidade dada, estendi-lhe um pouco os limites; não é mais, para mim, um único livro, é a obra de um autor. Não sei ver entre suas diferentes obras diferenças muito grandes. Os críticos que acham, como o sr. Faguet, que Balzac escreveu em *Um aconchego de solteirão* uma obra-prima, e, no *Lírio* *do vale*, a pior obra de todas, deixam-me tão embasbacado quanto o sr. De Guermantes, que achava que, em certas noites, o duque de X... fora inteligente, e que, noutro dia, fora burro. A ideia que eu tinha da inteligência das pessoas muda às vezes, mas sei bem que é a minha ideia que muda, e não sua inteligência. E não creio que essa inteligência seja uma força cambiante que Deus torna, às vezes, potente, e, outras, fraca. Creio que a altura à qual ela se eleva na mente é constante, e que é precisamente a essa altura, seja no *Aconchego de solteirão* ou no *Lírio do vale*, que ela se eleva nesses vasos que se comunicam com o passado e que são as obras...[4]

Balzac[5] serve-se de todas as ideias que lhe vêm à mente e não busca fazê-las entrar, dissolvidas, num estilo em que se harmonizariam e sugeririam o que ele quer dizer. Não, ele diz, simplesmente, e, por mais heteróclita e disparatada (como Renan, de resto, quanto a isso) seja a imagem, sempre precisa, aliás, ele a justapõe: «Os sorrisos do sr. de Bargeton, que eram como bolas de canhão que se despertam».[6] «O sr. du Châtelet era como os melões que, de verdes, ficam amarelos numa

---

4   O segmento permaneceu inacabado.

5   Ms: Caderno IV, p. 66, verso.

6   Cf. nota 42 do capítulo «Sainte-Beuve e Balzac».

só noite.»[7] «Não se podia deixar de comparar aquele senhor a uma víbora gelada.»[8]

........................................................................

7   «Quanto ao velho Janota do Império, o casamento o envelhecera, como a esses melões que, de verdes ainda na véspera, ficam amarelos numa só noite» (*Ilusões perdidas*, XII).

8   Essa frase é seguida de notas apressadas e incompletas: «Ele diz que são as pessoas, e essa [palavra ilegível], resultado de sua opinião pessoal, é uma das coisas que nos agradam e nos fazem sorrir. 'Como', respondeu a altiva Négrepelisse. 'Como', respondeu a augusta filha dos Négrepelisse. 'Profundo pensador', 'assustador'. Ele quer dizer que alguém [ ]: 'há sons de vozes que [ ]'. Ele quer dar uma explicação, está apressado, explica e coloca simplesmente como transição: 'Eis porque'. Pela mesma razão, ele acumula coisas que demandariam mais arejamento: numa frase, ele diz, ele fez, ele foi [?], enfim, ele disse essas palavras. E como ele é muito inteligente, coloca na frase tudo o que tem a dizer sem importar-se com o que... (abuso do papel de Séchard, ver...) 'E a primeira vez' (Eva, ver). Ele não oculta nada, diz tudo. Contudo, fica-se surpreso em ver que há belos efeitos de *silêncio* em sua obra. Goncourt surpreendia-se com a *Educação*; eu me surpreendo muito mais com o *avesso* da obra de Balzac. 'Conhece bem Rastignac?' 'Mesmo?' Semelhanças de [ilegível]. Físico de Marsay, de Rubempré.» A maior parte das indicações contidas nessas notas apressadas ficam claras se lidas à luz das páginas seguintes.

No[9] gabinete que dava para o jardim, uma biblioteca, a biblioteca de seu pai,[10] continha, com a mesma encadernação de um ouro antigo, todo Balzac, todo Roger de Beauvoir,[11] todo Fenimore Cooper, todo Walter Scott e o teatro completo de Alexandre Duval.[12] O conde adorava esses livros, que amiúde relia, e podia-se falar-lhe de Balzac sem o pegar desprevinido. Como todas as pessoas que gostavam de Balzac ingenuamente, ele achava tudo «encantador, bem observado», *O baile de Sceaux, A mulher de trinta anos, Eugénie Grandet*, «um pouco duro, mas uma pequena obra-prima», e *Modesta Mignon*, e *Mademoiselle de Choisy*, talvez mais bonito que tudo mais.

*Mademoiselle de Choisy* seria uma obra de Balzac que não teria sido reimpressa? Pois o conde tinha Balzac numa dessas edições que são tão abundantemente mencionadas na *Correspondência*, feitas por Mme. Béchet,[13] «na esquina do cais dos Grands Augustins», a quem ele escrevia: «Envio-lhe algo [mais] belo que o Evangelho, ainda mais tocante que *Pierrette*. Eu mesmo

........................................................................

9    Ms: Caderno V, p. 40, verso. Proust anotou aqui alguns dos temas que retomaria nas páginas consagradas ao Balzac do sr. de Guermantes.

10    O pai do conde de Guermantes.

11    Romancista e dramaturgo (1809-1866).

12    Autor de dramas históricos (1767-1842).

13    Cf. nota 88 do capítulo «Sainte-Beuve e Balzac».

chorei ao lê-lo. A senhora só me deu mil francos por 15 livretos, o que equivale a 10 francos por página, quando a senhora me prometeu 12 etc.»

Mas, se perguntássemos ao conde, ele dizia: «Acho que é de Roger de Beauvoir». Mas ele confundia facilmente esses livros, todos «encantadores», que possuíam a mesma encadernação, como as pessoas do povo confundem sene e morfina, porque vêm numa garrafinha branca. «Ah, se o senhor lhe der trela, falando de Balzac», dizia a condessa, dando a entender que era um favor quando ele falava de sua «especialidade». Porém, a marquesa[14] encrespava-se: «Primeiramente, tudo o que ele escreveu sobre a alta sociedade é falso. Ele não era recebido nas grandes casas. Por que escrevia sobre o que não conhecia? Pretendeu retratar a sociedade das damas da corte de Madame. Já eu, as conheci bem. Não era nada assim. Ele diz que o sr. de Talleyrand era gordo. Não é verdade, conheci-o bem, ele vinha muito à casa de minha mãe, que era sua prima, ele era magro. E a duquesa de Langeais! Nada disso é verdade. Ele conhecia Mme. d'Abrantès, mas ela não era, de forma alguma, da alta sociedade. Quando eu era jovem, levaram-me para almoçar com ela, que era velha, e, apesar disso, eu disse que não permitiria que me apresentassem a ela. E foi ela quem veio

---

14  A marquesa de Villeparisis?

se apresentar, e ela estava na ponta da mesa. Ninguém a conhecia. Os escritores...[15]

---

15 Inacabado.

# Acrescentar a Flaubert[1]

S ainte-Beuve (e todos desde então), criticou-o ou louvou-o, mas, ao que parece, sem perceber o que fazia a sua imensa novidade. Como ele tanto penou na sintaxe, foi nela que alojou, para sempre, sua originalidade. É um gênio gramatical. E o seu gênio é um deus a se acrescentar aos gênios singulares de *A tentação de Santo Antão*, tem a forma

---

1 Ms: Caderno XXIX, fólios 43-45. Texto inteiramente inédito. Não é certo que Proust tenha escrito essas notas apressadas para as integrar ao ensaio que queria consagrar a Sainte-Beuve. Mas elas parecem datar de 1910: foi em 7 de abril de 1910, com efeito, que René Doumic foi recebido na Academia Francesa, onde sucedeu a Gaston Boissier; a alusão que encontramos aqui ao seu discurso não pode ser muito posterior à leitura que Proust deve ter feito no dia seguinte à recepção. Ora, um ano antes dessa data, ele escreveu o essencial de suas observações sobre Sainte-Beuve. Não é impossível que, na primavera de 1910, ele ainda pense em continuar esse trabalho. A primeira frase do texto permite essa hipótese. O título é da mão de Proust, e não é fácil de interpretar. Não vemos que outro estudo, além desse, Proust consagrou a Flaubert antes do artigo que a NFR [Nouvelle Revue Française] publicará em janeiro de 1920.

de um passado definido, de um pronome e de um particípio presente. Sua originalidade imensa, durável, quase irreconhecível porque tão encarnada à língua literária de nosso tempo, que lemos Flaubert sob o nome de outros escritores, sem saber que eles não fazem mais que falar como ele, é uma originalidade gramatical. Ele pode fazer compreender o que foram certos pintores na história da arte, que mudaram a cor (?) (Cimabue, Giotto). E a revolução de visão, de representação do mundo decorre de – ou é expressa por – sua sintaxe, e talvez seja tão grande quanto a de Kant, ao deslocar o centro do conhecimento do mundo para a alma. Em [suas][2] grandes frases, as coisas existem não como acessório de uma história, mas na realidade de sua aparição; geralmente, elas são o sujeito da frase, pois o personagem não intervém e acata a visão: «Uma aldeia surgiu, álamos se alinharam etc». E, mesmo quando o objeto representado é humano, como é conhecido enquanto objeto, o que aparece é descrito como aparecendo, e não como produzido pela vontade. Já em *Madame Bovary*, Flaubert encontra, desde o princípio, essa forma que é, talvez, a mais nova que exista em toda a história da literatura francesa. Quando há uma ação, na qual outro escritor faria saírem as diferentes frases do motivo que as inspira, há um quadro cujas diferentes partes parecem não mais detectar a intenção de descrever um

2   Ms: «essas».

pôr de sol. Madame Bovary quer esquentar-se à lareira. Eis como ele o diz: «Madame Bovary (não foi dito em momento algum que ela sentia frio) aproximou-se da chaminé...» (ver p. 86).[3]

Em[4] *Madame Bovary*, entretanto, não está eliminado completamente o que não é de Flaubert. O último segmento: «Ele acaba de receber a cruz de honra» poderia ser de Émile Augier: «Par da França em 48».[5] Estamos cansados das fórmulas simétricas irônicas e brutais que eram, de fato, de Flaubert,

---

3   O Ms continua: «Como, por outro lado, ele relatava sem reflexões, sem elos, as reflexões estapafúrdias de pessoas... ver na mesma página os cães perdidos». Isso que será retomado e desenvolvido no acréscimo que citamos abaixo: «Quando esse quadro era...». Por outro lado, Proust recopiou na margem, à altura de «aproximou-se da chaminé», essa citação: «*Educação sentimental*», p. 159: «Dois capatazes se precipitaram sob a marquise, e um terceiro, em cima da escada, começou a caminhar à sua frente» («sua» refere-se a Frédéric, que, pela primeira vez, faz uma visita a Mme. Dambreuse».

4   Ms: Caderno XXIX, fólios 44ss. Proust colocou, depois de «está dito: Madame Bovary» uma menção à nota «1», à qual corresponde esse acréscimo (até «burgueses»).

5   A semelhança entre as duas frases é meramente exterior. A de Flaubert expressa toda a «moralidade» de seu romance; a réplica que Augier empresta a Poirier é um epigrama: desde fevereiro de 48, a Câmara de Paris deixará de existir! Proust retomará sua observação no artigo de 1920.

mas que, tendo aberto os caminhos, desde então, a toda a literatura, e dado um aspecto de pensamento às letras dos diplomatas (espécie de Pierre Mill)[6] e um aspecto de autoridade aos discursos dos universitários (discurso e recepção de Doumic[7] na Academia, o que [coloca] uma coleira[8] nos imbecis) parecem-nos assaz banais.[9] Enfim, as imagens que mantêm ainda um pouco de lirismo ou de espírito, ainda não estão esmagadas, desfeitas, absorvidas pela prosa, não são mera aparição das coisas. Assim, o campo de Yonville, que «parece um grande casaco desdobrado, que tem uma gola de veludo verde, bordada de um galão de prata» (p. 76); «esses bons velhos abrigos que sempre cheiravam a [...] como os capatazes de fazenda vestidos de burgueses» (p. 247).[10]

---

6    Alusão obscura. Não parece tratar-se do romancista Pierre Mille (1864-1941).

7    Ver nota 1.

8    No Ms, o relativo «que» é seguido de uma palavra pouco legível: pode-se adivinhar «coleira» precedida de um signo indecifrável.

9    Ms: «parece-nos assaz banal».

10    Trata-se do prédio da Cruz Vermelha em Rouen: «Era um desses albergues [...]; bons velhos abrigos [...] que ainda cheiravam a aldeia, como os capatazes de fazenda vestidos de burgueses».

Nesse[11] trecho à frente («galão de prata») citar também: «onde ciscam os pavões, luxo das fazendas da região»[12] (ver primeira visita de Bovary à fazenda de Emma). Ainda não é esse estilo liso, de porfírio, sem interstícios, sem acréscimos. Não que as sentenças estejam ausentes. E colocar aqui a coisa sobre seu discípulo[13] («Bola de Sebo», máximas) e tentar citar antes uma ou duas de Flaubert, de «Um coração simples», por exemplo.

Quando[14] o quadro era puramente material, as coisas agiam como pessoas. Era um drama; um estado[15] que se prolongava, pedia

........................................................................................

11 Esse acréscimo figura no verso do fólio 44, portanto «em frente» à p. 45.

12 *Madame Bovary*: «Ao longo da construção estendia-se um vasto depósito de estrume [...] e, entre as galinhas e os perus, ali ciscam cinco ou seis pavões, luxo dos terreiros da região».

13 Maupassant. Eis as máximas extraídas de «Bola de Sebo»: «A angústia da espera faz desejar a vinda do inimigo»; «Pois o ódio ao Estrangeiro sempre arma alguns Intrépidos prontos a morrerem por uma Ideia»; «Pois o amor legal sempre leva vantagem sobre o seu livre confrade».

14 Ms: Cadernos XXIX, p. 43, verso, diante da p. 44. Proust desenvolve a distinção que já fez anteriormente: «Quando o quadro era puramente material...» corresponde a «até quando o objeto representado é humano».

15 Leitura duvidosa. É verdade que o «estado» cessa quando se produz a «ação». Mesma oposição entre o estado e a ação no artigo de 1920.

o imperfeito, então, terminava numa ação nova das coisas, e era [então] o perfeito[16] (ver p. 74) e o perfeito era geralmente precedido de um particípio presente, que indicava o começo da ação, seja como causa, seja para fazer girarem, aos nossos olhos, as diferentes faces do pião (para o primeiro, procurar exemplo por todo o texto,[17] para o segundo, p. 74).[18] Se fosse um quadro de pessoas, para mostrar bem que não era senão um quadro, um detalhe que não tinha qualquer relação com a ação, que mostrava que a ação era descrita como um quadro em que não sabemos se tal pequena mancha não seria tão importante quanto tal gesto, já que não deveríamos saber tratar-se de um gesto, esse traço era acrescido (citar exemplo). E como, por outro lado, ele descrevia sem reflexões, sem elos, a idiotices ditas pelos homens (frase dos cães perdidos p. 86), essa ironia se espraia sobre

---

16  Flaubert chama de «perfeito» o *passé simple* (cf. artigo de 1920) [que corresponde ao pretérito perfeito em sua forma simples, ou seja, sem auxiliar – há as duas formas em francês. (N. T.)]. A p. 74 à qual Proust remete é a última da «primeira parte» de *Madame Bovary*: nela, há numerosos trechos do imperfeito ao *passé simple* [ou pretérito perfeito simples].

17  Cf. artigo de 1920.

18  Por exemplo (Emma lança ao fogo o seu buquê de casamento): «as corolas de papel, encarquilhadas, *balouçavam* ao longo da placa como borboletas negras, enfim, *esvoaçaram* pela chaminé».

os traços puramente descritivos do quadro, que pareceram, pela desproporção gráfica entre o gráfico em que se esquematizam as maiores ações, adquirir uma espécie de tintura filosófica. Nesse sentido, o conto «Heródias», que relata a morte de São João Batista, termina assim: «E como a cabeça era muito pesada, eles a carregavam alternadamente», frase que já está um pouco em *Madame Bovary*, quando o pai Rouault, que acabou de acompanhar o enterro da filha, volta-se para ver o lugar onde ela viveu e percebe o cemitério onde ela repousa, «depois, continuou seu caminho, em trote lento, pois seu cavalinho bretão mancava».

(Parêntese[19] intercalado na frase precedente.) Essas simetrias dos substantivos e adjetivos opostos: «Essa celebridade sentimental serviu à sua reputação artística... A fascinação de sua pessoa e a sensibilidade de sua alma... Mais temperamento que inteligência e mais ênfase que lirismo, terminava por realçar essa admirável natureza de charlatão, na qual havia algo de cabeleireiro e de toureiro».[20] Quantos direitos autorais os colaboradores «fantasiosos» do *Journal des*

---

19  Esse acréscimo encontra-se no Ms p. 44, verso, diante da p. 45.

20  Esses três trechos, citados com exatidão, são tomados ao retrato do tenor Lagardy, que veio cantar a ópera *Lucie de Lammermoor* em Rouen (*Madame Bovary*).

*Débats*, que nunca fizeram nada além de copiar essa frase, deveriam pagar a Flaubert, como por aquela sobre os imbecis,[21] ou, ao final de *Madame Bovary*, a de Homais meditando sobre a injustiça do governo![22] O sr. Faguet, quando é lapidar, coisa rara, o faz à moda de Flaubert: «Ele une [...] e reflexões de um imbecil» (sobre Balzac).[23]

Ele também comanda Régnier pela precisão e beleza das descrições e pela concomitância das paisagens.

Mostrar que é (essa simetria) – e será a transição – um outro lado, menos bonito, mais universitário, retórico e latino,[24] por onde ele comanda o que há de menos bom na literatura moderna.

........................................................................

21  Talvez Proust esteja pensando no chapéu de Bovary, cuja «feiúra muda» tinha «profundidades de expressão como o rosto de um imbecil» (*Madame Bovary*).

22  «Ele passeava [...] meditando sobre a inépcia do governo(*Madame Bovary*).

23  Faguet, *Dix-neuvième siècle*, p. 411 (artigo sobre Balzac): «Ele possui intuições de gênio, e reflexões de imbecil».

24  Palavra de leitura duvidosa. Essa frase deve ser aproximada do que Proust diz mais acima sobre «fórmulas simétricas» e de sua alusão ao discurso acadêmico de René Doumic.

# [Notas sobre a literatura e a crítica] [1]

A ssim que [2] lia um autor, eu distinguia muito rapidamente, sob as palavras, a melodia da canção que, em cada autor, é diferente do que há em todos os demais e, enquanto lia, sem dar-me conta, eu o cantarolava, acelerava as palavras ou as dizia mais lentamente, ou as interrompia por completo, [3] como se faz, não raro, ao cantar enquanto se espera, por muito tempo, de acordo com a métrica da canção, antes de se dizer o final de uma palavra. [4]

Eu bem sabia que, sem jamais ter podido trabalhar, e não sabendo escrever, por outro lado, eu tinha esse meu ouvido, muito mais apurado e mais preciso do que muitos outros,

---

1   Agrupamos sob esse título observações esparsas através dos Cadernos, que se referem aos problemas gerais abordados nos fragmentos de *Contra Sainte-Beuve*.

2   Ms: Caderno II, p. 17 e 16, verso.

3   Depois de «por completo» parece estar escrito: «para marcar a métrica e o retorno da melodia». Todo o trecho está muito rasurado e de difícil decifração.

4   Cf. *Em busca do tempo perdido*, v. III.

o que me permitiu fazer pastiches, pois, quando se apreende a melodia dos escritores, as palavras vêm bem ligeiras. Mas não empreguei esse dom e, de tempos em tempos, em diferentes períodos de minha vida, assim como o de descobrir um elo profundo entre duas ideias, duas sensações, sinto-o ainda vivo em mim, mas não fortificado, e que logo estará enfraquecido e morto. Entretanto, é pena, pois, amiúde, quando estou mais doente, quando não tenho mais ideias na cabeça, nem forças, esse eu que às vezes reconheço percebe esses elos entre duas ideias, como ocorre amiúde no outono, quando não há mais flores nem folhas, e sente-se nas paisagens as sintonias mais profundas. E esse menino que brinca, assim, em mim, nas ruínas, não precisa de qualquer alimento, nutre-se simplesmente do prazer que lhe dá a visão da ideia que ele descobre, ele a cria, ela o cria, ele morre, mas uma ideia o ressuscita, como essas sementes que interrompem a germinação numa atmosfera excessivamente seca, que estão mortas; mas um pouco de umidade e de calor basta para ressuscitá-las.

E penso que o menino que, dentro de mim, se diverte com isso, deve ser o mesmo que também possui um ouvido apurado e preciso para sentir entre duas impressões, entre duas ideias, uma harmonia muito fina que nem todos sentem. O que é esse ser, eu não sei. Mas, se ele cria, de alguma forma, essas harmonias, delas vive, logo se levanta, germina, cresce com tudo o que elas lhe dão de vida, e, em seguida, morre, só conseguindo delas viver. Porém, por mais prolongado que seja o sono em que se encontra a seguir (como com as sementes do sr. Becquerel), ele não morre, ou, antes, ele morre mas [consegue] ressuscitar, caso uma outra harmonia se apresente, até mesmo simplesmente se, entre dois quadros de um mesmo pintor, ele perceber uma mesma sinuosidade de perfis, uma mesma peça de tecido, uma mesma cadeira, mostrando, entre os dois quadros, algo de comum: a predileção e a essência do espírito do pintor [*O que existe num quadro de um pintor não pode alimentá-lo, nem, tampouco, num livro de um autor, e num segundo quadro do pintor, um segundo livro do autor. Mas, se no segundo quadro ou no segundo livro, ele perceber algo que não está no segundo e no primeiro, mas que, de alguma forma, está entre os dois, numa espécie de quadro ideal, que ele vê, numa matéria espiritual, modelar-se fora do quadro, ele recebeu seu alimento e recomeça a existir e a ser feliz. Pois, para ele, existir e ser feliz são apenas uma única coisa. E se, entre esse quadro ideal e esse livro ideal, que, cada qual, bastam para deixá-lo feliz, ele encontra um elo ainda mais elevado, sua alegria aumenta ainda mais. Se ele descobrir entre dois quadros de Vermeer... ].[5] Pois ele morre instantaneamente

---

5   Essa nota escrita por Proust relativamente ao seu texto (p. 18) ficou inacabada.

no particular, e volta, imediatamente, a flutuar e a viver no geral. Ele só vive do geral, o geral o anima e alimenta, e ele morre instantaneamente no particular. Mas no tempo em que vive, sua vida é puro êxtase e felicidade. Somente ele deveria escrever os meus livros. Porém, seriam eles belos? Ele é intermitente... Ele é...[6]

Que importa[7] que nos digam: perdes, com isso, tua habilidade. O que fazemos é retornar à vida, é quebrar, com todas as nossas forças, o gelo do hábito e do raciocínio, que adere imediatamente à realidade e faz com que nós nunca a vejamos, é reencontrar o mar aberto. Por que essa coincidência entre duas impressões nos devolve a realidade? Talvez porque ela, então, ressuscite com o que ela *omite*, enquanto, se raciocinarmos, se buscarmos nos lembrar, acrescentamos ou desfalcamos.

Bergson,[8] Jacques Blanche e Rolland (?). Porém, apesar disso, é absurdo (Bataille) tudo negar do antigo...

---

6   Esse trecho de redação apressada ficou inacabado.

7   Ms: Caderno II, p. 45.

8   Para definir o que é, aos seus olhos, o objeto da arte, Proust acaba de recorrer a uma imagem bergsoniana («quebrar [...] o gelo do hábito»).

Os[9] belos livros são escritos numa espécie de língua estrangeira. Sob cada palavra, cada um de nós, não raro, coloca o seu sentido ou, ao menos, sua imagem, que é amiúde um contrassenso. Mas, nos belos livros, todos os contrassensos que fazemos são belos. Quando leio o pastor de *L'Ensorcelée* [A Enfeitiçada],[10] vejo um homem *à la* Mantegna e a dor de T...[11], de Botticelli. Talvez, Barbey não tenha visto nada disso. Porém, há, na sua descrição, um conjunto de relações que, dado o ponto de partida errado de meu contrassenso, lhe dão a mesma progressão de beldade. [**\*Assim, as variantes, as correções, as melhores edições não possuem tanta importância. Diversas versões do soneto de Verlaine[12] *Tite et Bérénice*. Saint--Simon, prefácio de Sainte-Beuve. Os grandes escritores franceses não sabem muito francês: «desfalece» em Verlaine, e cada vez que alguém cita uma carta de Vigny, Hugo, Lamartine, Beaunier ou**

........................................................................

9    Ms: Caderno IV, p. 67, verso.

10   Romance de Barbey d'Aurevilly (1854).

11   Tornabuoni? Tratar-se-ia, então, de Jeanne Degli Albizzi, mulher de Laurent Tornabuoni, primo do Magnífico. Botticelli o representou num afresco que, hoje, está no Louvre.

12   Referência ao último verso do soneto de Verlaine *Tite et Bérénice* [Tito e Berenice ] (*Jadis et naguère*) [Há muito tempo e há pouco tempo], cujo verdadeiro título é *La princesse Bérénice* [A Princesa Berenice]: *A rainha, oh! desfalece e suavemente desmaia.*

**outros, se é obrigado a colocar** *sic*. **Flaubert e seus escrúpulos (não gramaticais, afinal)]**. Os sete velhos de Baudelaire: a Avareza de Giotto; as serpentes que morderão minhas sandálias:[13] a Inveja de Giotto,[14] ou o Cristo, ou «Como são belas as tuas sandálias, ó filha de Príncipe...»[15] etc.

Parece[16] que a originalidade de um homem de gênio é meramente como uma flor, um cimo superposto ao mesmo eu, como o das pessoas de talento medíocres de sua geração; mas, esse mesmo eu, esse mesmo talento medíocre, existe em nós. Cremos que Musset, Loti, Régnier são seres a parte. Mas quando Musset despachava uma crítica de arte, vemos com horror as frases mais triviais de Villemain nascerem sob sua pluma, ficamos estupefatos ao descobrir em Régnier um Brisson;[17] quando Loti tem que fazer um discurso acadêmico ou um artigo sobre a mão de obra do Estado, e quando Musset tem

---

13 Cf. nota 55 do capítulo «Sainte-Beuve e Baudelaire».

14 Cf. *Em busca do tempo perdido*, t. I.

15 Cf. nota 55 do capítulo «Sainte-Beuve e Baudelaire».

16 Ms: Caderno IV, p. 67.

17 Adolphe de Brisson, genro de Sarcey [Francisque Sarcey, jornalista e crítico de teatro, 1827-1899. (N. T.)]

que fornecer um artigo [para uma][18] revista de pouca importância, que não teve tempo de prospectar seu eu banal para fazer despontar o outro, que viria se superpor, vemos que seu pensamento e sua linguagem estão plenos de...[19]

Tão[20] pessoal, tão único, é o princípio que age dentro de nós quando escrevemos e criamos, progressivamente, nossa obra, que, na mesma geração, os espíritos da mesma espécie, da mesma família, da mesma cultura, mesma inspiração, mesmo meio, mesma condição, empunham a pluma para escrever, quase da mesma maneira, a mesma coisa[21] e acrescentam, cada qual, o bordado que lhes é singular, e que faz da mesma coisa uma coisa totalmente nova, onde todas as proporções das qualidades dos demais ficam deslocadas. E assim a gama dos escritores originais continua, cada um fazendo ouvir uma nota tão bela[22] que, no entanto, por um intervalo imperceptível, é irredutivelmente diferente da que a precede e da que se lhe segue. Vejam, lado a lado, todos os nossos escritores: os originais, somente, e os grandes, também,

---

18 Proust, que escreveu essas duas palavras, as riscou.

19 A frase ficou inacabada.

20 Ms: Caderno XXIX, p. 67ss.

21 A palavra «coisa» é seguida de outra, ilegível. Todo o trecho está difícil de se decifrar.

22 Leitura duvidosa.

que também são escritores originais e que, por isso mesmo, aqui, não convém distinguir. Vê[23] como se tocam e como diferem. Segue, de um a outro, como numa guirlanda trançada na alma e feita de flores imortais, mas todas diferentes, numa fileira, France, Henri de Régnier, Boylesve, Francis Jammes.[24]

Sem dúvida, quando Régnier e France começaram a escrever, tinham a mesma cultura, a mesma ideia da arte, buscaram retratar igualmente. E esses quadros que tentaram pintar, tinham, acerca de sua realidade objetiva, mais ou menos, a mesma ideia. Para France, a vida é o sonho de um sonho, para Régnier, as coisas têm o mesmo rosto de nossos sonhos. Porém, Régnier, meticuloso e aprofundado, de pronto, atormenta-se mais para nunca esquecer de verificar essa similitude de nossos pensamentos e das coisas, para demonstrar a coincidência; ele dissemina em sua obra o seu pensamento, sua frase se alonga, se aguça, se retorce, sombria e minuciosa como uma aquilégia, enquanto a de France, esplendorosa, desabrochada e lisa, é como uma rosa-francesa.

---

23 Proust se dirige à mãe.

24 A frase continua assim: «numa mesma fileira, enquanto, noutra fileira, verás Barrès, em outra, Loti». Esse final foi cortado.

# Romain Rolland[1]

... **E** porque essa realidade verdadeira é interior, pode ser extraída de uma impressão comum, até frívola ou mundana, quando está a uma certa profundidade e liberada dessas aparências, por essa razão, não estabeleço a menor diferença entre a arte elevada, que não trata apenas do amor, de nobres ideias, e a arte[2] imoral ou fútil; aqueles[3] que fazem a psicologia de um sábio ou de um santo, e não a de um homem do mundo. Aliás, em tudo o que tem a ver com

......................................................................................................

1   Caderno XXIX, p. 53-57. Proust pensa menos em criticar Romain Rolland, aqui, do que em opor a arte, tal como a concebe, à arte utilitária e «popular». Assim, acreditamos poder colocar esse segmento não com os retratos literários, mas entre as observações de estética geral aparentadas com *Contra Sainte-Beuve*. *Jean-Christophe* foi editado de 1904 a 1912. O título é da mão de Proust.

2   Ms: «e da arte».

3   A frase terminava, inicialmente, em «fútil», e uma segunda frase a seguia: «Os objetivos elevados também são aparência». Proust riscou essa segunda frase e a substituiu por «aqueles que fazem...». Pode-se entender sua intenção, mas, na forma, a oposição ficou imprecisa.

o caráter e as paixões, os reflexos, não há diferença; o caráter é o mesmo para ambos, como os pulmões e os ossos, e o fisiologista, para demonstrar as grandes leis da circulação do sangue, não se preocupa com o fato de as vísceras terem sido extraídas do corpo de um artista ou de um comerciante. Talvez, quando estivermos lidando com um artista verdadeiro que, tendo quebrado todas as aparências, terá descido às profundezas da vida verdadeira, aí então, poderemos, como haverá obra de arte, interessar-nos mais por uma obra, colocando em jogo os problemas mais amplos (não deixar nesse estilo horrível). Mas, antes, que haja profundidade, que tenhamos atingido as regiões da vida espiritual em que a obra de arte pode se criar. Ora, quando virmos um escritor, a cada página, cada situação em que se encontra o seu personagem, jamais aprofundar essa situação, não a repensar para si mesmo, mas servir-se das expressões prontas, daquilo que, em nós, vem dos outros (e dos mais reles outros), [que] nos sugestionam quando queremos falar de alguma coisa, se não descermos nessa calma profunda onde o pensamento escolhe as palavras em que ele se refletirá por inteiro –, um escritor que não vê seu próprio pensamento, então invisível a ele, mas que se contenta com a grosseira aparência que a máscara para cada um nós, a todo instante de nossa vida, com a qual se contentam os vulgares, numa perpétua ignorância, e que o escritor rechaça, buscando ver o que há no fundo –, quando, pela escolha, ou, antes, pela ausência absoluta [de] escolha de suas palavras, de suas frases, a banalidade repisada de todas as suas imagens, a ausência de aprofundamento de qualquer situação, sentiremos que um tal livro, mesmo que a cada página ele debilite a arte afetada, a arte imoral, a arte materialista, é ainda mais materialista, pois sequer desce à região espiritual de onde saíram páginas, apenas descrevendo as coisas materiais, talvez, mas com esse talento que é a prova inegável de que elas vêm do espírito, por mais que ele nos diga que a outra arte não é uma arte popular, mas uma arte para alguns, nós pensaremos que é a sua arte que é assim, pois há somente uma maneira de escrever para todos, ou seja, escrever sem pensar em ninguém, [escrever] para o que temos, em nós, de essencial e de profundo; enquanto ele escreve pensando em alguns, nesses artistas afetados, e sem tentar ver onde eles pecam, aprofundar até encontrar o eterno, a impressão que lhe causam, [um] eterno que essa impressão contém, assim como o contém um sopro de pilriteiro ou de qualquer outra coisa que sabemos estar penetrando; mas nisso, como em tudo o mais, ao ignorar o que se passa dentro de si, ao se contentar com fórmulas batidas e com o mau humor, sem buscar ver no fundo: «Ar embolorado de capela! Então, vá para fora! Que me importa o seu pensamento? Pois é! Que importa que se seja clerical? Dá-me engulhos, essas mulheres deveriam levar umas boas palmadas. Já não há mais sol na França. Vocês já não fazem mais música alegre. Vocês têm que sujar tudo» etc.

Aliás, ele é, de certa forma, obrigado a essa superficialidade e a essa mentira, pois escolheu por herói um gênio de maus bofes, cujos chistes terrivelmente banais são exasperantes, mas que poderiam ser encontrados num homem de gênio. Infelizmente, quando Jean Christophe, pois é dele que estou falando, para de falar, o sr. Romain Rolland continua a empilhar banalidades sobre banalidades, e quando busca uma imagem mais precisa, é um resultado de pesquisa e não um grande achado, e no que ele é inferior a todo escritor de hoje em dia. Os campanários de suas igrejas são como grandes braços, é inferior[4] a tudo que descobriram os srs. Renard, Adam, talvez até Leblond.[5]

Assim, essa arte é das mais superficiais, mais insinceras, mais imateriais (mesmo que seu *tema* seja o espírito, já que a única maneira para que haja espírito num livro, não é que o espírito seja, em si, o *tema*, mas que ele o tenha feito: tem mais espírito no *Cura de Tours* de Balzac do que no seu caráter do pintor Steinbock), e também das mais mundanas. Pois, somente as pessoas que não sabem[6] o que é a profundidade, vendo a cada instante banalidades, falsos raciocínios, feiuras, não os percebem e embriagam-se com

---

4 No singular, pois o verdadeiro sujeito é a comparação que acaba de ser citada.

5 Jules Renard, Paul Adam, Marius Leblond.

6 Ms: «saibam» (construção: «Somente as pessoas que não sabem... dizem»).

o elogio da profundidade, e dizem: «Eis a arte profunda»; o mesmo ocorre quando alguém diz, todo o tempo: «Ah, eu sou franco, eu não mando dizer, eu digo, todos os nossos cavalheiros são uns bajuladores, eu sou grosseiro», faz alusão às pessoas que não sabem. Um homem delicado sabe que essas declarações não têm nada a ver com a verdadeira franqueza em arte. É como em moral: a pretensão não pode ser reputada pelo fato. No fundo, toda a minha filosofia se resume, como toda filosofia verdadeira, em justificar, em reconstruir o que existe. (Em moral, em arte, não se julga mais um quadro pelas suas pretensões à grande pintura, nem o valor moral de um homem pelos seus discursos. – Colocar isso alhures, e dizer que, em literatura, se posterga). O bom senso dos artistas, o único critério da espiritualidade de uma obra, é o talento.

Não esquecer: o talento é o critério da originalidade, a originalidade é o critério da sinceridade, o prazer (para quem escreve) é, talvez, o critério da verdade do talento.

Não esquecer que é quase estúpido dizer, ao se falar de um livro: «Ele é muito inteligente», ou «Ele gostava muito da mãe». Mas o primeiro ainda não está realçado.

Não esquecer: os livros são a obra da solidão e os *filhos do silêncio*. Os filhos do silêncio não devem ter nada em comum com os filhos da palavra, os pensamentos nascidos do desejo de dizer algo, de uma queixa, de uma opinião, ou seja, de uma ideia obscura.

Não esquecer: a matéria de nossos livros, a substância de nossas frases, deve ser imaterial, não tomada tal qual à realidade, mas nossas frases, em si, e, também, os episódios devem ser feitos da substância transparente de nossos melhores momentos, quando estamos fora da realidade e do presente. É dessas gotas de luz[7] que se faz o estilo e a fábula de um livro.

Nota[8] – Além do mais, é tão vão escrever especialmente para o povo quanto para as crianças. O que fecunda uma criança não é um livro de criancices. Por que se acredita que um operário eletricista precisa que escrevamos mal e falemos da Revolução Francesa para que nos compreenda? Primeiro, é justamente o contrário. Assim como os parisienses gostam de ler sobre as viagens à Oceania, e os ricos, as narrativas sobre a vida dos mineiros russos, o povo gosta, também ele, de ler coisas que não se relacionam com a sua vida. Ainda por cima, por que fazer essa barreira? Um operário (ver Halévy)[9] pode ser baudelairiano.

---

7　A palavra «luz» é seguida de um adjetivo ou particípio ilegível («cinzeladas»?).

8　Essa «nota» encontra-se no Caderno XXIX, p. 54, verso, em face à p. 55.

9　Daniel Halévy havia publicado em 1901 um *Essai sur le mouvement ouvrier en France* («Ensaio sobre o movimento operário na França»).

Esse[10] mau humor que não quer ver no fundo de si mesmo (que é, em estética, o pendor de um homem que anseia muito por conhecer alguém e que, esnobado, diz: «Será que preciso mesmo desse senhor? Que importância pode ter para mim conhecê-lo? Ele me dá engulhos»), é o que condeno, de maneira muito mais enfática, em Sainte--Beuve (embora o autor não fale senão de ideias etc.), é uma crítica material, de palavras que agradam aos lábios, aos cantos da boca, às sobrancelhas erguidas, aos ombros, e no contra-fluxo das quais[11] o espírito não tem forças para volver e ver o que lá existe. Mas, em Sainte-Beuve, apesar de tudo, muito mais arte faz prova de muito mais pensamento.

---

10 Essa segunda nota é continuação da precedente, p. 54, verso, mas está separada por um grande espaço em branco.

11 Ms: «dos quais».

# Moréas [1]

O arcaísmo é feito de muitas insinceridades, dentre as quais uma, que consiste em tomar, por traços assimiláveis do gênio dos antigos, traços exteriores, evocadores num pastiche, mas do qual esses próprios antigos não tinham consciência, pois o seu estilo não produzia, então, um som antigo. Hoje em dia, há um poeta que acredita ter sido trespassado pela graça, a um só tempo, de Virgílio e de Ronsard, porque denomina o primeiro como o faz o segundo, «o douto Mantovano». [2] Seu *L'Ériphyle* possui graça, pois foi um dos primeiros a sentir que a

---

1 Ms: Caderno XXII, p. 68ss. Para Jean Moréas, aficionado de arcaísmo, toda a poesia está na forma; para Romain Rolland, uma obra literária deve ser julgada pela sua utilidade. Opondo-se a esses dois escritores, que também se opõem entre si, Proust pensa, sobretudo, em definir a si mesmo. O título é da mão de Proust.

2 *L'Ériphyle* de Moréas (Proust escreve: «Éryphile») foi publicado em 1894. Para obter a confidência de sua heroína, o poeta, como Virgílio, desceu aos Infernos: *Seguindo o douto rastro/ Do famoso mantovano que me nutriu com sua graça/ Sobre o Estige odioso e o Aqueronte avar / Erifila, venho ao fundo do negro Tártaro...*

Grécia soube viver, e dá à filha de[3] [ ] o suave cicio de uma pequena mulher: «Meu esposo era um herói», mas tinha barba demais,[4] [e] depois balança a cabeça com irritação, como uma pequena égua; e (talvez tendo observado a vida que dão os anacronismos involuntários do Renascimento e do século XVIII) seu amante lhe diz: «Nobre dama»[5] (igrejas cristãs da Grécia, cavalheiro do Peloponeso).[6] Ele está vinculado à escola (Boulenger)[7] – e Barrès – que ele indica, numa só palavra,

---

3 Proust não escreveu nenhum nome depois de «de». Erifila era filha do rei de Argos, Talau.

4 Erifila era a jovem esposa do velho Anfiarao. A fim de agradar ao amante, Polinices, ela forçou Anfiarao a participar da expedição dos Sete contra Tebas; lá ele encontra a morte. Nos Infernos, ela confessa sua culpa: *Meu esposo era um herói/ Mas sua barba era, no queixo/ Grisalha e dura...*

5 Policines havia abordado Erifila, dizendo-lhe: *Os deuses a guardam, nobre dama.*

6 Barrès declara em seu livro *Voyage à Sparte* («Viagem a Esparta», 1906) ter se emocionado na Grécia sobretudo com a lembrança dos cavaleiros franceses que fundaram, no século XIII, o ducado de Atenas. Já Moréas era ateniense de nascimento e de coração, mas sente um prazer de artista ao fazer falar um herói tebano lendário como um cavalheiro francês.

7 Sem dúvida, Marcel Boulenger (ver nota 34 do capítulo «Gérard de Nerval»), ensaísta de tendências neo-clássicas. Entenda-se: contentando-se com rápidas indicações ao invés de desenvolver, Moréas se vincula à escola e

como escola do subentendido. É exatamente o contrário de Romain Rolland. Mas não passa de uma qualidade, que não prevalece contra a nulidade do fundo e a ausência de originalidade. Suas célebres *Estâncias* só se salvam porque o inacabamento, espécie de banalidade e de falta de fôlego, são propositais,[8] e como elas seriam, sem isso, involuntárias, os defeitos do poeta conspiram com o seu objetivo. Porém, assim que ele se esquece e quer dizer algo, assim que fala, escreve coisas desse tipo... (citar a estância em que há «com um espírito tolo demais e uma alma baixa demais», e que termina com essa banalidade dita cem vezes desde Leconte de Lisle: «a sombra de um sonho»).[9]

---

Boulenger, ou, se preferirmos um nome mais prestigioso, de Barrès.

8  Proust escreveu, mesmo, «propositais», a ideia da banalidade tendo mais peso a seus olhos. Somos obrigados a manter essa ortografia pois, três palavras adiante, o pronome «elas» representa também a banalidade e a falta de fôlego.

9  As *Estâncias* de Moréas foram publicadas entre 1899 e 1905. Eis os versos em que Proust estava pensando: *Não diga: a vida é um alegre festim;/ Ou é um espírito tolo ou uma alma baixa./ Sobretudo, não diga: ela é tristeza sem fim;/ É de poucas forças e logo se cansa./ Ri como na primavera se agitam os ramos,/ Chora como a brisa ou a onda no cascalho,/ Saboreia todos os prazeres e sofre todos os males;/ E diz: já é muito e é a sombra de um sonho.*

Os[10] escritores que admiramos não podem servir-nos de guia, já que possuímos, em nós, como um ponteiro imantado ou o pombo correio, o senso de nossa direção. Porém, enquanto guiados por esse instinto[11] interior voamos adiante e seguimos nossa via, em alguns momentos, quando lançamos um olhar à direita e à esquerda sobre a obra de Francis Jammes ou de Maeterlinck, sobre uma página que não conhecemos de Joubert ou de Emerson, as reminiscências antecipadas que encontramos da mesma ideia, da mesma sensação, do mesmo esforço de arte que exprimimos nesse momento, agradam-nos, como amáveis postes de sinalização, que nos mostram que não nos enganamos, ou, quando repousamos um instante num bosque, sentimo-nos confirmados em nossa estrada, pela passagem, bem perto de nós, em rápido bater de asas, de fraternos pombos, que não nos viram. Supérfluos,[12] talvez. Mas não totalmente inúteis. Eles nos mostram [que] o que pareceu[13] precioso e verdadeiro a esse eu, afinal, um pouco subjetivo, que é o nosso eu que trabalha, também o é, com um

........................................................

10 Ms: Caderno IV, p. 67ss.

11 Proust escreveu «essa», mas «interior» (no masculino); «instinto» é mera conjetura, satisfatória quanto ao sentido da frase.

12 Na primeira redação, «supérfluos» vinha logo após «equivocados», e se relacionava claramente a «postes de sinalização».

13 Ms: «mostram o que nos pareceu».

valor mais universal, para os eus análogos, para esse eu mais objetivo, esse todo-mundo cultivado que somos quando lemos, o é não somente para nossa mônada particular mas também para nossa mônada universal.

A propósito[14] do que está abaixo, será preciso mostrar que, quando sou mundano, confiro demasiada importância ao perigo da mundanidade, quando minha memória enfraquece, demasiada importância ao ato[15] reconstrutor: as naturezas apaixonadas pelo ideal pensam sempre que o mais belo é o que lhes é mais difícil, o que, aliás, é a moral instintiva para se contrabalançar nossos vícios e nossas fraquezas.

*Importante*, seja para o lado de Méséglise, seja para Bergotte, seja para a conclusão.[16]

As belas coisas que escrevemos, se possuímos talento, são, em nós, indistintas, como a lembrança de uma melodia que nos encanta sem que possamos encontrar o seu contorno,

---

14  Ms: Caderno IV, p. 69.

15  Ou «à arte».

16  Preciosa indicação. Quando, em torno de 1909, a respeito de Sainte-Beuve, de Romain Rolland, de Moréas, Proust busca formular suas ideias sobre a arte, ele ainda não sabe se esses estudos de doutrina serão incorporados ao seu romance (o «lado de Méséglise» é o «lado de Swann»), se ele os emprestará a um de seus personagens, ou se fará deles a conclusão de sua obra.

cantarolá-la, sequer dar-lhe um desenho quantitativo, dizer se há pausas, séries de notas rápidas. Aqueles que são obsecados por essa lembrança confusa das verdades que jamais conheceram, são homens que[17] possuem certo dom. Mas contentam-se em dizer que ouvem uma melodia deliciosa, não indicam coisa alguma aos demais, não possuem talento. O talento é como uma espécie de memória que lhes permitirá conseguir aproximar de si essa música confusa, ouvi-la claramente, anotá-la, reproduzi-la, cantá-la. Chega-se a uma idade em que o talento enfraquece, como a memória, quando o músculo mental que aproxima as lembranças interiores e as exteriores não possui mais força. Às vezes, essa idade dura por toda a vida, por falta de exercício, por uma satisfação demasiadamente rápida para consigo mesmo. E ninguém jamais saberá, nem nós mesmos, a melodia que nos perseguia com o seu ritmo inefável e delicioso.[18]

---

17  Proust havia escrito, primeiramente, e depois riscado, «os que».

18  Sob a última linha desse fragmento, Proust escreveu: «terminar aqui».

**Biblioteca Âyiné**

1   Por que o liberalismo fracassou?
**Patrick J. Deneen**
2   Contra o ódio
**Carolin Emcke**
3   Reflexões sobre as causas da liberdade
e da opressão social
**Simone Weil**
4   Onde foram parar os intelectuais?
**Enzo Traverso**
5   A língua de Trump
**Bérengère Viennot**
6   O liberalismo em retirada
**Edward Luce**
7   A voz da educação liberal
**Michael Oakeshott**
8   Pela supressão dos partidos políticos
**Simone Weil**
9   Direita e esquerda na literatura
**Alfonso Berardinelli**
10  Diagnóstico e destino
**Vittorio Lingiardi**
11  A piada judaica
**Devorah Baum**
12  A política do impossível
**Stig Dagerman**
13  Confissões de um herético
**Roger Scruton**
14  Contra Sainte-Beuve
**Marcel Proust**

Composto em Baskerville e Helvetica
Belo Horizonte, 2022